경남시인선 246

# 눈 내리는 습관

이점선 시집

도서출판 경남

## 시인의 말

　사투하며 한 우주를 품고 피어난 연꽃 아래 아직 발아되지 않은 씨앗의 무념무상과 아침이면 일제히 태양의 설법을 듣는 연잎들의 일관된 자세와 녹슨 자전거 아래 웅크린 고양이의 생존 본능으로 쓰고 있는가에 대한 질문을 던집니다. 누구에게 어떻게 보이기 위해 어떤 시가 되는 게 아닌 생긴 그대로의 나를 보여주는 진심, 아직은 멀었습니다. 피어나 보니 흰 수련, 깨어나 보니 연잎 위의 남생이 그 운명을 알 수 있겠습니까? 그래도 아직 쓰고 있다는 겁니다. 연뿌리처럼 죽으면서 또 하나의 새 뿌리를 내리고 오늘이 떠나고 떠났던 어제가 다시 돌아와 던지는 질문을 받고 있습니다. 얕은 풀뿌리가 바람에 떠밀리어 먼지가 되는 시간까지 가 보겠습니다.

| 차례

시인의 말            3

## 제1부

눈 내리는 습관            10
가자 수요일로            12
건널목            15
나의 밀실에게            16
졸업            18
이파리            19
모르는 사람의 슬픔에 대하여            20
근황            22
딴짓            23
도마와 이            24
고양이의 꿈            26
무덤에서 썩지 않는 편지가 있었네            27
가득한 공복            28
티벳 종소리를 듣는 밤            30
환상의 책            32
자정에는 고요를 듣는다            34

## 제2부

| | |
|---|---|
| 고양이와 나 사이 | 36 |
| 숨은 그림 | 37 |
| 나의 성분性分 | 40 |
| 바이칼에서 | 43 |
| 삼색 볼펜 | 44 |
| 나무에 대한 사색 | 45 |
| 섬 | 46 |
| 언니와 언니는 정반대입니다 | 48 |
| 가장 가까운 사람 | 49 |
| 일어나는 방식 | 50 |
| 괜히 꿈 이야기를 하고 있다 | 52 |
| 사방연속무늬 놀이 | 54 |
| 사라진 마을 | 55 |
| 이건 되고 저건 안 되고를 반복하는 증상 | 56 |
| 밤의 기록 | 58 |
| 바느질을 해 보다 | 61 |

| | |
|---|---|
| 닥터 지바고와의 한 철 | 62 |
| 쓰다가 말다가 | 66 |
| 호적 | 68 |
| 홍범도는 아직 손톱으로 갈대밭을 파고 | 70 |
| 〈닥터 지바고〉 감상문 | 72 |
| 하지 말란 말인가 하란 말인가에 대한 고민 | 73 |
| 무게를 견디는 자세 | 74 |
| 못 치는 자리 | 76 |

## 제3부

| | |
|---|---|
| 위험한 한철 | 78 |
| 각 행마다 고양이가 있네 | 80 |
| 하현달 | 81 |
| 잠 | 82 |
| 빨강 | 84 |
| 여수 | 85 |
| 연蓮 분갈이 | 86 |
| 수양 무궁화 | 88 |

| | |
|---|---|
| 아침잠 | 89 |
| 장마 | 90 |
| 아버지 글자 공장 | 92 |
| 오늘 나는 네가 살지 못한 만 구백오십 번째 밤 | 94 |
| 진달래 | 95 |
| 유등 | 96 |
| 부드러운 존재들 | 98 |
| 남해 가는 길 | 100 |
| 퐁네프 다리 아래 흐린 강물은 흐르고 | 101 |
| 데이지를 키우는 창가에서 | 102 |
| 한 겨울이었다 | 105 |
| 여차 해변 | 106 |
| 다림질을 한다 | 108 |

해설 | 희망이 없기에, 아름다운 꽃 • 정남식    110

## 눈 내리는 습관

버스에서 하는 충고는 듣기 싫었다
버스에서 보는 흰 구름은 재빠르게 자세를 바꾸었다
이름표를 바꾸어 달고 아닌 척했다
해인사 팔만대장경을 지키는 동자승을 보았다
불국사 에밀레종 밑에서 검은 조약돌을 훔쳤다
약속처럼 조약돌을 버렸다 버짐 자국처럼 동그란 조약돌은
거제도 몽돌 해수욕장에서 파도에 부딪히며 자잘한 소리를 내고 있었다
마지막 하혈을 하며 쪼그리고 앉아 노을처럼 멀어졌다
웃으며 밥을 먹었다 버려진 종이 위에서 날마다
아스팔트를 뚫고 제비꽃이 피었다
새파란 잔디 위로 보랏빛 제비꽃이 번졌다
천으로 된 책가방이 구겨지지 않았다 가위로 잘라도 가방은
새롭게 자라 등꽃이 피고 라일락 향기가 좋았다
한 번도 만나지 않은 사람처럼 네가 좋았다
물고기가 하늘을 나는 것처럼 뒤바뀌는 것은
종종 일어나는 일이었다 어느 순간 바뀌고 있었다
무엇으로 변하고 있는지 알 수가 없었다

홍범도 장군이 막 카자흐스탄의 갈대 뿌리를 파다가
언 손을 닦는 날아가는 새 같은 순간이었다
완행버스 흔들릴 때 치마 밑으로 들어오는 큰 손 같은 시간이었다
화물칸 한 칸에 갇혀 50시간을 떨던 시간이었다
시베리아에서도 겨울이었다 하차할 지점이 없는 길이었다
눈을 내리까는 것은 습관이 되었다

## 가자 수요일로

    할 말을 잘라먹는 어금니의 서투른 발성으로
    복화술을 완성해 나가는 일요일의 나날
    떠나지 못하는 말구유
    어지럼증에 모로 눕는 귀
    기절을 경험하는 월요일의 말라피센트의 가시 숲
    지문이 닳아 없어지고 지문은 얇아지고
    피는 알고 '고름'을 모르는 에콰도리안 퍼플핑크토와 앵무새들과의 대화
    항생제로 표백된 흰 우엉의 갈색 조림과 긴 대면을 이루는 화요일의
    시간 아무것도 저장된 게 없는 노트북과의 일상적 대화
    견디기 어려워 목을 떠는 체머리 퍼킨슨씨와의 만남
    뇌 속이 너무 간지러워 손목을 잘라내는 수전증
    입을 헤 벌리고 해를 즐기는 씨앗을 맺고 마는 하고많은 맨드라미들과
    봉숭아꽃과 채송화의 검은 씨앗을 줍는 일
    북상 중인 태풍의 날 방파제로 놀러 가요
    수문을 열어 두었네 사라지기 좋은 시간

한꺼번에 쓸려가는 갇힌 것들의 포효의 굽은 등 위로 쏟아지는 저녁 불빛
줄을 세워요 가벼움에 상관없이 젊음에 상관없이
앉혀요 딱딱해진 의자의 등받이에 고정
잘린 토르소 손목으로 검사 도장을 좀 찍자
'이 생은 마감됨'
그 옷 속에 감춘 것은 뭘까 위치가 나타나지 않은 세계사 지도
이정표도 숙박지도 표기 안 된 낯선 이방인의 기숙 방법
말해 줄 게 하나도 없어
존재하는 것 내 것이라 표시 나는 것
하품하면 오래된 도시의 뒷골목 냄새가 스치고 지나가는 것과의 동침
계단을 반쯤 내려오다 앉아서 한쪽 구석을 쳐다보면
부드러운 거미줄에 걸린 어둠의 동작 이젠 떠나도 좋아 잠자리 대신
잠자리같이 예민한 '프랑켄슈타인의 탄생에 엉킨 비밀'을 보면서 잠들어야 해

콜라주 하는 심정으로 너를 바라볼 게 하마터면 잊을 뻔
했어
 핀으로 고정하고 흔들어 깨울게
 나의 말라비틀어진 당근 한 조각이여

# 건널목

머지않은 시간에
건너야 할 길 앞에서
동공은 너울이 되어
먼 곳으로 사라지고
이쪽과 저쪽으로 갈 길을 가라는 신호는
이승과 저승의 문턱에서
되풀이된다
가고 싶어요 어머니
더 먼 곳으로
빤히 보이나 손이 닿지 않는
어제
직진하라는 기호 위에서
호수 위의 낙상 같은
아찔한 주문
허공에 달린 사다리에서
한 발을 내딛는다

## 나의 밀실에게

천 년 전에 사라졌다 해도 아직 밤의
밀사는 살아있어 어쩌다 사랑하여 태어난
밤의 기형아들이 방향을 잃고 기어가는
여기는 그 밀실인가 밀실이 아닌가
살아있는 밀사는 천 년 전의 밀사인가
밀사가 아닌가 빛 안으로 들어오지 못하고
어둠의 안쪽에서 나 아직 한마디도 그
말을 듣지 못하여 늘 그곳을 기다리네
기다림은 미치게 하고 미친 힘으로 벽을
긁어대고 헉헉거리는 숨 지하의 밀실은
늘 축축하고 고독한 나머지 휘어진 등뼈로
천 년 전의 기호로 주술문을 뜯는다네
아무것에도 상처 주지 못하고 영향력도
없으면서 공존하는 한 차원끼리는 투명하다
바퀴벌레와 집게벌레가 지나칠 때
나의 소설가 선생님은 그리움에 고독사
하셨고 나의 살벌한 언어는 습한
벽면에 알을 묻네 여긴 시베리아 벌판도
아니지 영하 사십 도의 맹추위도 없는데

밤낮으로 왜 이렇게 추운 것일까 난 기형의
핏줄을 타고났나봐 밀실의 변하지 않는
온도가 좋아 내 몸에 이끼가 돋을 때까지
견딜 수 있을 것 같다 도착해야 할 밀사가
도착할 때까지 내 눈앞에 자꾸만 바퀴벌레와
집게벌레가 지나가네 눈에 익으면 내가
바퀴벌레인지 집게벌레인지 그것 둘이
교접하여 낳은 집게머리 바퀴벌레인지
구별이 안 가 같이 지내다 보면 착란이
살짝살짝 인다 단련된 비밀이 스스로
터질 때까지 우담바라의 긴 시간이다

## 졸업

그 책은 우울했다. 결국 우리 모두는 그런 모습이었고, 또한 그런 모습이 될 것이라는 생각. 말라비틀어진 스펀지 같은 덩어리들, 열 개중 아홉 개는 결국 폐기처분될 운명인 것들

# 이파리

이 자리에 계속 머무르고 싶지 않아서 떨어져버린다
성당 앞 은행잎이 되어 24시 마트 앞 불빛에
호주머니를 뒤지는 검은 작업복 차림의 아버지가 되었다가
24시 통금에 걸려 기름땀 뻘뻘 흘리며 도망 온 젊은 아버지의 저녁
다섯 자식 재우고 기다리던 어머니의 마른 손바닥이었다가
부엌 잿더미 안에 묻어둔 씨고구마 훔쳐 먹다가 부지깽이에 쫓기는
다섯 살 손녀딸 다우다*치마 스치는 소리가 되었다가
이젠 긴 겨울밤 마른 다리를 비비면 메말라서
제 살끼리 깎아 먹는 소리 들린다

\*태피터. 광택이 있는 얇은 평직 견직물.

## 모르는 사람의 슬픔에 대하여

부처는 어디에나 있고 목어 소리는 내 안에서 울어야 하 듯 꽃은 이 가슴에서 피니 홍련화를 보려고 홍련암에 오지 않아도 된다던 노승의 말처럼 모든 것은 내 안에 존재한다 고 보는가 겨울 강에는 고니 무리와 흰 기러기와 쇠기러 기 청둥오리 보이지 않아도 보인다고 말할 수 있는가 바람 은 대숲을 노래하고 윤슬은 겨울 새 떼들 사이에서 빛난다 너는 책장을 넘기지 않는다 로시니가 밤새 안 자고도 낮에 안 잘 수 있는가는 성향 문제가 아니지 않는가 잘 걷다가 이유 없이 앞으로 넘어지는 문제는 무슨 일인가 나는 책장 을 넘기지 못한다 한 떼의 사람들이 줄을 지어 구령을 넣 는다 움직인다 그림과 다르다 사실인데 상관은 없는 일이 다 그 옆으로 흐르는 강 흐르는 책장 안에서 이름 모를 철 새 떼가 운다 꺽꺽 운다 전쟁터에서 울다 만 새가 날아오 고 화장터에서 시체를 쪼다가 날아온 독수리도 졸고 머나 먼 나라에서 보내온 일기에서 나는 날지 못한다 바닷새끼 리 부리를 비비거나 냄새를 확인한다 냄새는 여전히 기억 한다 그 호숫가에서 누군가는 신발을 가지런히 벗어놓고 물 안으로 걸어 들어갔다 숨을 쉬면서 숨이 멈출 때까지의 느낌을 물에게 맡겼다 한밤중에 집을 나서 호수로 향할 때의 어둠 깊은 물속으로 걸어 들어간 내면의 어둠은 얼마나 깊은 것이었을까 어둠의 깊이라는 건 짐작할 수가 없다 남의 슬픔에 대해 입을 떼지 말아야 한다 그래서 나는 아무 일도 없었다는 듯 벚꽃 잎이 떨어지는 그 언덕에서 그 자리만은 풀이 안 돋았으면 좋겠다 아무도 모르게 나만 합장하고 지나갈 것이다 풀이 없는 그 자리에 벚꽃 잎 몇 장 떨어져 눈물방울처럼 땅 위에서 말라 갈 것이다 모든 자리는 그 자리 다만 풀이 나 덮고 있을 뿐 내 자리가 어떤 자리였던가 알 수 없는 과거에서 불려온 이 자리는 먼 데서 날아온 이 새들을 보는 이 자리는 먼 툰드라 눈 쌓인 숲을 떠나 작은 강 위에서 날개를 파닥이는 저 새들을 보는 이 강물은

## 근황

    새벽, 책은 5분 읽고 잠은 더 많이 잔다
    고양이, 날 보면 꼬리를 감추고 의자 밑에 웅크린다
    안경, 쥐고는 있으나 보지는 못한다 보는 것이 없기 때문이다
    휴지, 휴지는 심어져 있다. 심은 나무처럼 뽑아서 쓴다
    삼색 볼펜, 숨어서 쓴다 매일 손 하나가 나올 때 다른 둘은 숨을 안 쉰다.
    매니큐어, 감춘다는 건 나를 잡아먹는 일, 더구나 미사여구로 감언이설할 때
    페이지, 이쪽에서 저쪽으로 갈 때 오열하고 싶은 욕망이 있다
    커터 칼, 녹이 슬고 날이 무디어지면 버려진다.
    미움, 그렇게 애착할 필요가 있는가
    탕탕탕, 자신에게 한마디 한다. 아무것도 보상받을 수 없음으로 종결
    도구, 이미 말했잖아요. 다 살았다고
    계획, 봄이 오면 쑥이나 캐러 다닐래요
    수첩, 미리 말 좀 해 줄래? 너 지금 어디야
    콩나물, 물구나무를 선다. 미안. 난 거꾸로 서서 물 마셔

# 딴 짓

이탈리아 테첸케 언덕 위의 집에서 며칠 모은 빨래를 한꺼번에 말린 적이 있다
바람도 버거운지 떠날 때까지는 빨래를 말리지 못했다
설탕 대신 소금을 자꾸 부어 못 먹는 비빔국수를 만들었다
노을 따라 바다로 걷다가 못 빠져 나온 개펄이 있다
그 바다의 섬들은 죄다 쬐끄마했다
발이 빠져 못 빠져나온 꼬마 같다
영혼은 빠져나가 주기적으로 운다
주기적으로 찾아오는 우울은 섬에
빗금을 친다 닳아서 보이지 않을 때까지
쉽게 지울 수 없는 과거라는 건
바다에 흔들리는 불빛만 봐도 알 수 있다
오늘도 떠나볼까 하고 한 발 내딛다가
딴짓을 하고 있다
창가에 다육이 화분을 놓아두고
버린 종이를 말린다
마지막으로 만진 죽은 아버지의 발목
주문한 관이 너무 짧아 툭 부러뜨려 넣었다

죽은 사람은 이미 사람이 아니다

## 도마와 이

저 도마를 사용한 지 40년째
한 면은 웅덩이가 파였고 한 쪽은 가스불에 잘못 두어 타다 만 검정물이 들었다
내 이는 태어난 지 60년
혀로 문질러 보면 웅덩이가 깊다 가끔은 낡아서 모서리가 혀를 찌르는 곳도 있다
가만 보면 썩어가는 속도가 닮았다 역할도 닮았다 난 생재료들을 다지거나 썰어 요리를 하고 도마 위에서 칼로 저미거나 다지듯 이로 씹고 또 오래 씹어 목으로 넘겼다 잘 다져진 양파 조각들이 달걀지단, 달걀찜, 감자부침에 곁들여 익어갔지 입안에 들어온 음식들은 위 어금니와 아래 어금니 사이에서 더 잘게 다져지고 조각내어져 목으로 넘어가기 직전까지 자기의 우화를 꿈꾸었지 긴 내장을 거쳐 수도꼭지같이 틀면 쏟아지는 내장 끝의 배수구까지 가기 전까지 의심 없이 달려가지 도마의 곧은 사면처럼 직진하는 성격은 꼭 닮았다 둘은 음식을 다룬다 만난 적은 없지만 음식이 누군가의 입을 통해 누군가의 장 속에서 살과 피로 바뀔 때까지 서로 도와가며 역할을 다 한다 규율은 없다 씹던 음식을 도마에서 요리할 수는 없지 않는가 자라는 자

녀를 다시 배 속에 넣는 순서는 있을 수 없다 사람들은 그런 꿈을 꾸기는 한다 너무 맛이 없는 음식을 앞에 두고 차마 말은 못하지만 씹다가 뱉고 싶을 것이다 키우다가 도로 물리고 싶은 자식이 있는 것처럼 음식도 다시 뱉어 도마에 저며 다시 요리하고 싶을 정도의 솜씨로는 만들지 말아야 하나니

 하루도 빠짐없이 음식을 씹고 하루도 쉼 없이 양파를 저미고 청양고추를 눈물 없이 다지는 도마의 생이여 마른나무를 꽂아 싹이 났다는 이야기는 있는데 빠진 이를 심어 새 이가 되었다는 우화는 없네 자고 났더니 벌레가 되었다는 변신은 있는데 자고 났더니 잎 달린 나무가 되었다는 도마의 우화는 들리지 않네 이렇게 가는 방향은 다 아래로 향하는가 지하대왕은 큰 쓰레기통 같은 입을 벌리고 검은 봉지에 든 도마든 그대로 던지는 폐기물이든 그대로 받아먹을 준비가 되어 있는데 우리는 함께 폐기되어 가고 있는가 저 지하의 왕이 기다리는 막바지라는 곳으로

## 고양이의 꿈

배를 흙에 붙이고
하루 종일 제 숨을
불어넣고 있다
희망이 없기에
아름다운 꽃

# 무덤에서 썩지 않는 편지가 있었네*

놀랍다 물 한 방울에도 젖어서 흐물거리는 종이가 천년을 견디고 있다

놀랍다 한번 본 너의 얼굴이 50년 동안 한 번도 변하지 않았다

놀랍다 헤어지지 않은 네가 시인이 되었다 동시도 쓴다 김치를 못 담근다

놀랍다 내가 진짜 하고 싶은 일이 무엇인지 아직 모른다 몰라서 모른다

놀랍다 날 버린 너 때문에 내가 나를 7번 더 버렸다

놀랍다 그때 이 얕은 물에서 내가 익사했다니

놀랍다 아직도 내가 널 생각한다니 오백 년도 훨씬 지났는데 아직도 지워지지 않는다니

놀랍지도 않다 너는 다시 찾아왔고 지금도 뒤통수를 노린다 동행하면서도

놀랍지 않다 기록을 소중하게 생각한다 이 방에도 가득하다

그렇게 놀라운 일인가 매일 종이 위로 널 불러들이는 내가

*고성 이씨 응태의 무덤에서 나온 아내의 편지.

## 가득한 공복

나는 바로 보이지 않는 골목이 좋아
골목이 되었다
막힌 담장이면서 막힌 출구가 되는 골목
돌아오고 또 돌아가도 골목 입구였다
녹슨 자전거 바큇살에 거미줄이
오후 햇살을 쳤다
걸리는 건 우울한 공복이었다
불 없는 아궁이에 감자 싹이 돋고
마른 종지에 간장 자국에서 희게 빛나는 소금기

가만 두면 물질은 원래의 본성으로 돌아가려는 성질이
있다

흔한 풀잎 대하듯 나를 세워두면
나는 언젠가 창이 될 거야
강가의 대나무 숲에서 말한다

아무것도 되지 않으려는 노력이
도리어 해가 되었다

걸림이 없어서 무엇이든 걸쳐도 어울렸다
바람의 형제처럼 가혹하기까지 했다
닿았는데 사라지는 나비 같은 존재였다
보이지 않는데 느낌이 있는 이 기분은 뭘까
평생 오지 않았는데
염두에 두는 너 같다
보이지 않는 향기는 먼 데 숨어 있다

# 티벳 종소리를 듣는 밤

　이렇게 가만히 치유의 음악을 듣고 있으니까 그 옛날 어린 시절 대원사 절에서 티벳불교 전시회를 보러 갔다가 관에 누워서 죽음 체험을 하던 순간으로 미끄러져 가네 새벽 세 시에 눈을 켜고 달려갔지 고인돌 마을 지나 벌거벗은 못을 지나 박물관을 지나 빨간 모자를 지나 샛길을 지나 축축한 숲을 지나 검은 관에 누워 본다 연꽃이 필 무렵에도 죽음은 있고 질 무렵에도 죽음은 있다 얼어붙은 눈물 목련꽃도 죽음이고 12월에 핀 장미의 자세는 뻣뻣해진 시체다 연분홍 손톱 닮은 꽃잎과 아직 푸른 실핏줄 같은 줄기는 보지 않고 관념적으로만 읽어 주는 겨울 장미 그때 내 관 속은 별들로 가득 찼지 산등성이는 어둡고 희미한 불빛의 지상의 집은 날 보지 못했고 난 눈을 떠서 하늘을 보았지 나는 별을 덮고 누워 있었던 거야 그 골짝은 내원사였고 난 산 아래 살아 떠나기 전의 어정쩡한 자세 누워 살았다 척추를 완전히 붙이지 못하고 뒤통수 아래 손깍지를 끼고 두 다리를 다 펴지 못한 채로 호명되면 팔딱 일어날 자세로 나는 그때 별로 내 손아귀에 쥔 게 없었다 머리에 든 것도 별로 없었다 가슴에는 슬픔 같은 것이 조금 있어도 가슴 넓이는 무한대였다 별들은 쏟아졌고 나는 별에 묻혔다 이 어둠이 좋은 이유 중의 하나다 고흐 그림이 좋다고 하는 건 잘린 귀가 어디엔가 묻혀 있기 때문이다 내 자신이 좋은 이유 중의 하나는 그 별들을 보았기 때문이다 그 별들을 이끌고 아직 이 어둠에 머무르고 있기 때문이다 좋다는 건 눈을 감으면 별 중의 하나가 되는 것이고 안 좋다는 건 이 노래의 태엽을 별의 꼬리에 연결하지 못했기 때문이다 난 오른쪽으로 팔베개를 하고 무릎을 배 가까이 대고 태아 자세로 눕는다 그 관 안에서도 눈을 감지 않았다

## 환상의 책*

    곤옥골은 곤욕골로 독산리는 독탄리로 발음이 되기도 하는 길

    가다 보면 누군가는 산책을 하고 누군가는 쟁기로 산밭을 가는 곳

    이론이 없는 나는 나의 엑토플라즘*을 안고 해 지는 산길로 접어든다

    이명처럼 대숲은 귀 안에서 울고 저희끼리 속삭이고 심지어는 남녀의 목소리로

    대를 흔들어 대고 무리 없이 사라진 꽃자리로 잎들이 다시 무성해지는

    산으로 간다 내 무덤을 걸어 나와 칼을 차고 운동화로 갈아 신고 해 지도록 쑥을 캔다

    누가 오지 않는 텅 빈 내부에 쑥을 캐 넣으면 실뱀이 기어가는 언덕이 다가오고

    감자 싹에서 꽃이 피는 아궁이에 거미줄을 치는 북쪽 집에 희미한 등불이 켜진다

    내어준 적 없는 실명의 호적부는 바람으로 옮겼다 나는 바람이 내 갈기 밑과

    겨드랑이를 스쳐가는 것이 좋다 낮에는 어차피 아무것

도 보이지 않는 불안이지 않는가

  이 길은 밤으로 접어드는 길 잠결로 흔들리며 쪽배로 가야 하는 프로스페로\*가 사는 섬

  내가 홀로 있는 방식\* 봉인된 철로 위에서 외발로 서 보는 행동 따위는 하지 않는다

  나는 내가 어디로 갈지 모른다 다락방에 앉아 신데렐라의 해어진 치마를 꿰매고 있을지

  모른다 아니면 가위로 다 잘라버릴지 모른다 불안한 영혼을 집 밖으로 내몰지 모른다

  모르는 길이 내 길이다 난 손가락이 긴 페르소나 논 그라타persona non grata\*

  혼자 노는 사람


\*《환상의 책》: 폴 오스터.
\*엑토플라즘: 불안의 서.
\*프로스페로: 셰익스피어 《폭풍우》.
\*내가 홀로 있는 방식: 페르난두 페소아.
\*페르소나 논 그라타: 거절당하는 사람.

## 자정에는 고요를 듣는다


 쇠북을 한 번 치면 삼라만상이 다 들을 수 있다고 하여 귀를 기울였다 어디까지 가나 듣는 귀에 집중했다 울림은 사라질 때까지 들렸다 그 끝이 어디인지 알 수는 없지만 내 안의 가장 깊은 곳에 가 닿았다 소리를 삼키는 게 참 좋다 귀를 통과하여 내부로 사라지는 음 소리의 근원인 고요가 나를 부를 때 나는 귀를 열고 기다린다 고요는 끝나지 않는 핏줄이다 고요를 굳이 터뜨릴 필요가 있을까 드르륵 창문을 열어 햇빛을 불러들일 필요가 있었을까 색깔을 꼭 얻어야 했을까 점점 색을 잃어가는 저녁의 어둠은 긴 어둠의 외투를 열어 밤을 감싼다 서둘러 지우는 낙서처럼 시간이 흩어진다 어디로 굴러갔는지 모르지만 새로 오는 시간이 지난 시간이 존재한다는 것을 증명한다 부디 신발은 여기 벗어놓고 떠나시게 오늘이 오늘에게 내일이 내일에게 말한다* 나는 내가 어디에선가 만난 존재 익숙하면서도 낯선 동체 빛날 수가 없는 망령 쇠북소리에 귀를 기울인다 더 깊이 소리가 내려앉도록 소리를 죽 끌어당긴다


\*사뮈엘 베케트 〈고도를 기다리며〉

## 고양이와 나 사이

할아버지 나이가 된 고양이와 거실에 길게 누워 있으면 두 마리 짐승이 누워 있다고 딸이 사진을 찍습니다 그러고 보니 나는 이 세상과 친해지려고 무던히 노력했으나 친한 사람이 없고 우렁각시처럼 동생네 시골집 살짝 가서 풀을 매주고 오거나 호박잎 몇 장 따서 고추장 만들어 상에 올리거나 헐렁한 바지에 헐렁한 몸으로 봄이면 야산으로 쑥 캐러 다니고 쑥 캐러 다니다 시도 캐곤 하지만 어느 공간에도 속하지 못해서 나이 더 들면 우즈베키스탄이나 키르기스스탄으로 숨어 골짜기 그늘처럼 늙은 나무의 굵은 뿌리처럼 땅속 깊이 박혀 한글을 가르칠까 작정해 보는 고양이와는 절대 가까워지지 않는 사이입니다

## 숨은 그림

밑단이 뜯어진 치마

몸에 크고 색이 바랜 니트 원피스

손등에 마른 콧물

단발머리

기억에 없는 신발

표정 없는 얼굴

누런 사진틀

아궁이의 감자 싹

목줄 졸린 개의 상처

거리에 노출된 방의 숨소리

연탄집게 연탄가스 중독 눈 내리는 밤

실려가는 가족

잘린 손가락

씹히는 머리카락

남자 하숙생들

풍금 뒤의 생리대

목단꽃과 절름발이 소년

수몰지구에서 걸어오는 버스

고모집의 무밥

겨울밤의 짧은 이불
겨울밤의 거적때기
연탄가스에 벌어지는 입
수돗물 냄새
내 다리를 물어뜯은
이빨 달린 하수구
만화방
달아나는 언니
포플러 나무는 길고
쌀집에 달려든 버스
무너진 이팝나무의 집
지게에 꽂힌 풀꽃 싸리나무꽃
대추나무 아래 노할머니
담뱃대를 두드리고
간다 상여는 연못 속으로
범이 나오는 산 아래에서
쑥을 캐는 여자들
폐암 말기의 발가락
멀리도 달려왔으나

능소화처럼 주렁주렁
늘 관에 눕는 자세로 잔다

# 나의 성분(性分)

북천에는 큰고모가 살고
다솔사는 서울대 다니던
육촌 오빠가 데모하고 숨어 살던 곳
악양은 원래 외갓집
옥종 가종으로 이사 와서
하동 가종은 외갓집 동네가 되고
어릴 적 기억의 끝자락에
아버지 자전거에 실려 외갓집을
다녀오곤 했다
좀 커서는
시외버스에 태우며
"이 애 가종에 내려주세요"
어머니는 등을 떠밀어 혼자 차에 태웠다
외갓집 도착할 때면
버스가 후드득
길가의 가로수를 치고 지나갔다
6·25때 논에 나간 외할아버지를
공비인 줄 알고 비행기에서 총을 갈긴 후
외할아버지는 평생 한쪽 다리를 절었다

접지를 못하셨다
원전 삼거리에는 왕고모 할머니 집
작은 정원엔 작은 돌로 깎은 작은 연못
늘 맥문동 풀이 피어 있고
연못을 따라 계절마다 꽃이 피었다 졌다
혼불이 뛰어다닌다는
공동묘지 입구를 지나야
삼거리에 닿는다
큰 이팝나무가 도로 때문에 잘려 나가기 전까지
묘지 앞을 지날 때는 눈을 질끈 감고
뛰었다
골목 끝에는 할머니 친정 조카가 살고
대나무 숲을 지나면
손 씨 성을 가진 내 육촌이 살고
내 이웃은 김 씨 성을 가진 육촌이 살고
육촌 중에는 동갑내기가 둘이나 되지만
시집간 후 서로 연락이 끊겼다
오촌 아지매 중 이웃에 살던 아지매가 계신다
어쩌다 들르면 "너는 어찌 그리 튼실하노

숙이는 삐삐 말라 보기 안쓰러운데"
튼실한 내 손을 만지신다
내가 살던 고향 땅 아버지가 밭농사 짓던 터에
여적암이 있고 그 절을 올린 스님은
내 여동생
자주 가는 그곳에 나는 속해 있다
아래채에 사숙하신 김동리 선생님께
고모들이 글공부를 배우던 집은 사라지고
안마을로 이사 온 후 내가 태어나고
셋째 고모는 같은 마을 고모부에게 시집갔다
수많은 세월이 흐른 후에도
나는 그 지역에 속해 있다
땅에 박힌 돌멩이마냥
졌다가 다시 번지는 분꽃마냥

## 바이칼에서

바이칼 호수에 와서 바이칼 물을 만지며 앉아 있다
한 달만 바이칼 호숫가에서 살아보자고 한 너는
나보다 앞서 바이칼을 다녀갔고
나는 바이칼이 내려다보이는 산에서 너를 생각한다
형형색색 헝겊이 바람에 흩날린다 신의 말이 날린다
모든 샤머니즘의 시작은 여기 바이칼 호수가 내려다보
이는
산 정상이다 무수한 풀꽃은 향기를 내뿜고
바이칼이 보이는 한 카페에서 차를 마셔도
나는 신의 영역에 앉은 듯 경건하다
너 없이도 바이칼 물이 차갑고 자갈돌은 매끄럽고
아이들은 쾌활하고 차가버섯을 파는 아가씨는 볼이 붉다

## 삼색 볼펜

　검정색이 다 닳어버린 볼펜을 보면 골목 안 돌담을 다 쌓은 것 같은 보람을 느낀다
　파란색 빨간색이 아까워 계속 들고 다니다가 가끔 검정색을 누른다
　아차 하다가 다른 볼펜을 찾는다 마치 잃어버린 네가 내 호주머니에 구르다
　나도 모르게 매만져질 때처럼 강물을 지나가는 바람처럼 흔적을 남긴다
　파란색 빨간색이 가끔 잊어버린 덧칠을 해 준다

## 나무에 대한 사색

난 너무 냉소적이어서 감동은 잘 안 한다
내가 떨어뜨린 날개의 깃털들
내가 품었던 가장 뜨거웠던 순간의 꽃숭어리,
넝쿨장미는 오월에 피고 불꽃이 타올라
갈수록 속은 더욱 미지근해지는 매미 소리에서
찌르레기 소리로 바뀌어가는 순간의 밤
너와 내가 아무것도 아니면서 윗도리를 벗고
욕실 청소를 마치고 나오는 순간
뜨거운 육체의 목덜미를 어루만지다 체념하고
다시 회전을 시작하는 선풍기의 날개바람으로 돌고
구름은 다시 비를 품고 대지는 비었으나 땅속은 내밀한 것
보리피리 불던 소년은 길게 나아갔다
그의 생애는 늘 굽은 곡선이었고 산으로 향해 나 있었던 것
시간 앞에서는 겸손한 사제의 자세, 묵언 수행, 전념하는 기도, 몰두하는 종교
그보다 더한 일상에 대한 집념은 곧 목숨
나무 한 그루가 그 자리를 지키는 일은 사소하나
끄떡없이 견디는 존재
내 존재는 비로소 냉소에서 시작된다

# 섬

너는 어디선가 떠내려와 뿌리 내린
빈 흙이다
빈 병에 담긴 말들인가 말문을 닫은 입처럼
굳어 있다
멀리선 뜨거운 창을 든 태양이
지켜본다
수많은 은빛 창을 든 바다의 포말들은
스스로 달려왔다 스러지곤 한다
누가 꼭 닫아놓은 흙뚜껑인지는
아무도 모른다
저렇게 큰 물줄기로 지키는 비밀의 입구
내 안의 모든 비밀한 내용들을
해안에 내려놓고
침묵하는 외로운 친구에게
흰 갈매기로 전한다
나의 몸 또한 커다란 뚜껑과 같아
열리는 순간 다 날아갈 것 같다
나는 묻히지 않겠다
그저 바람에 몸을 맡긴다

**바람이 분다 바람이 부는 대로**
몸이 흔들린다
가만히 바라보면
너도
물결 따라 흔들리고 있다
너도 너를 지켜내는 법을 알고 있구나
흔들리면서 잠기지 않는다
말이 끊기고 바람이 우리를 이어줄 때
우리는 나란히
끓는 팥죽 속 새알처럼
가볍게 떠 있다

## 언니와 언니는 정반대입니다


언니는 몸에 좋은 것은 맛이 없어도 먹습니다 입의 말을 듣지 않습니다

언니는 몸에 좋지 않는 것을 좋아합니다 입맛을 따릅니다 아니 기분을 더 따릅니다

언니와 언니는 정반대입니다 그래 나는 내 관리를 정말 못하지 하고 말하면

정말 진실을 말했다고 까르르 웃습니다

## 가장 가까운 사람


 고아들이 있는 학급에서 어머니에 대해 말해야 할 때 성급하고 뻔뻔하게 시치미를 떼면서 나의 생각은 필요 없다는 듯 야멸차게 낳아준 부모만 부모가 아니다 옆에서 돌봐주는 가장 가까운 사람이 부모다라고 서둘러 정리를 한다 너는 얼른 내 생각을 읽는다 나는 누가 부모인가요

 아침 선생님 저녁 선생님 원장 선생님 누가 부모인가요 그러나 나를 여기 두고 간 아버지는 언젠가 나를 다시 버릴 거라는 건 안다 버리지 않을 물건은 어느 호주머니라도 어느 서랍 속에 어느 찬장 속에라도 넣어 둔다 가장 가까운 사람이 부모일까 부모는 날 버렸는데 가장 가까운 사람은 날 버릴 건데 난 가장 가까운 사람은 없어야 해 가까워지기 전에 나는 너를 버린다 불안은 불안을 낳고 불안은 성급해지고 불안은 열매를 맺지 못하고 불안은 끝내 등을 휘지 못한다 불안은 화를 내지 못하고 불안은 끝내 문을 열지 못한다 끝내 배고프다 끝내 젖냄새를 맡으러 가슴을 찾아 바다를 헤매다가 해파리처럼 바다에 녹아버리는 마지막을 보인다 가장 가까운 사람이 부모일지라도

# 일어나는 방식

100년 전의 이 아침*

아침마다 늦잠을 자는데 이건 천 년 전의 마르쿠스 아우렐리우스가 침대에서 나오는 방식 여긴 아니네 아침밥을 같이 먹진 못할 거야 문을 열면 쉬몬 드 보부아르의 에스프레소 잔이 막 긴 손가락 사이에서 15도쯤 기운다 아침입니다 일어나세요 니체가 일어나는 시간은 5시고 11시면 일을 털고 일어난다네 이보다 앞서 칸트는 잉크처럼 새까만 새벽에 일어나 파이프 담배에 불을 붙인다 지금 내가 읽는 경은 법화경 뜻도 모르고 사경을 한다네 읽고 싶은 경은 성경 시편인데 코란도 모르고 토라도 모르는데 불경은 너무 많아서 다 버리고 떠난다 여기는 100년 후의 100년 전 아침으로 가기 전 시베리아 횡단 열차 러시아 여자가 오기 전부터 우리는 일어나 동쪽을 보고 있었다 물고기처럼 흐르는 붉은 구름 해는 구름에 끌려서 시베리아까지 왔다 영하 40도까지 내려가는 이곳까지 올 수밖에 없었다고 이주 열차에 실려 강제 이주하는 홍범도 및 그 외 조선인들 카자흐스탄의 아침 갈대숲에 버려진 민족 단단히 숨어버려 계획은 그랬어 죽거나 말거나 홍범도 장군이 100년 만에 도착했지만 카자흐스탄에서는 폭도들이 불을 지르고 아직 조용하지 못하다 간간이 마른 장미 향이 난다 고양이가 물을 마시는 소리 아우렐리우스 동상의 등을 긁는 고양이 발톱 늦잠보다 앞선 아침 검색창과 메모장과 일기 달리의 그림책과 커피 이 모든 아침이 경성 찻집에서 마담이 한 잔의 쌍화차에 날계란을 떨어뜨릴 때 어느 산맥 한 자락에선 얼어붙은 바위산을 기어올라 북쪽으로 향하는 외로운 지사가 있고 말라버린 한 시인의 아침이 있다




\* 이장욱 〈공산주의의 새로운 과거〉에서 따옴.

## 괜히 꿈 이야기를 하고 있다

괜히 물소리를 듣고 있다 괜히
잠을 안 자고 있다

몇 가지 해야 할 일이 있다
버리는 일이다
멀어지는 일이다
가는 일이다

기대면 혹독하게 차가운 철제문의 온도와
기대면 철가시와 튀어나온 철보풀의 외면은
느낄 수 없는 붉은 포도주 잔

걷는다 멀어지는 일에서 가까워지기 위해
사라지는 문장의 풍경을 위해
숲에 걸려 있는 그림자를 보기 위해

숲을 통과한 빛이 닿는 마른 잎사귀 밑
방금 젖은 땅에서 벗어난 구두의 밑창이
닿는 보도 위의 발자국
죽어가는 이의 마지막 고백에 닿는 마른 입술*
지난밤에 일어났던 모든 여정
누웠다 깨면 없어진 문장들

지난밤에 보리에 대해 궁금했다
누렇게 익었을 때의 보리 이삭
당당하게 노을의 엉덩이를 찌르고 있다
산을 배경으로 산보다 높이 치솟은 보리 이삭
보리밭 둑에 누워서 혹은 쪼그리고 앉아서




*홍콩 영화 '와호장룡'에서 주윤발의 마지막 모습.

## 사방연속무늬 놀이


　새벽 2시의 문은 고요하다 요즘은 개 짖는 소리도 사라졌다 창 아래에서 길게 찢어지던 고양이도 울지 않는다 가을이면 베란다 구석에서 귀뚜라미가 조용히 울다가 먼지처럼 날아가 버렸다 가을이 왔나 생각할 틈도 없이 겨울이 깊어지고 있다 옆집에서 들리던 풍경 소리도 멈췄다 여기서는 옆집 불빛도 보이지 않는다 우리는 서로 봉쇄되었다 물속에 가라앉으면 이런 느낌일까 물이 귀로 먼저 들어오고 코로 들어와 코가 먼저 맵고 드디어는 입을 열게 되고 눈도 열게 되면 나의 모든 것은 다 닫히게 되리라 머리카락 한 올 한 올에서 뜨겁게 익숙한 열기가 솟아오른다 그러면 맨 나중에 가라앉는 것은 나의 머리카락일 거야 길게 늘어나 연속되는 시간 속에서 앞집 여자는 뒤통수 머리카락만 보이고는 잠수해 버린다 나는 오래도록 문을 닫지 못한다

# 사라진 마을

 오래된 골목 끝에서 상수도 약냄새가 끝나지 않아 너는 걸었다 살고 있는 동네는 도시에 있었다 너는 보리 이삭이 패는 마을로 향했다 강이 범람할 때는 함께 나갔다 이 동네는 늙어 갔다 공장이 떠나고 능구렁이도 떠났다 나는 이 이야기를 아무한테도 못했다 이미 그 길은 시가지가 되고 하얀 타일과 보도블록 위로 사람들의 발길이 끊이지 않는다 나는 방직공장과 그 담장 아래를 기어가던 길고 커다란 구렁이를 기억한다 나는 조용히 걷는다 사라진 길 위로 물에 잠긴 동네도 가까이 있다 비가 오면 비에 젖던 장미꽃 밭도 있다 문을 열면 따개비처럼 다닥다닥 붙어 있던 집들이 있었다 손등의 때처럼 붙어 있었다 어느 날 문득 손등의 때같이 붙어 있던 집들이 다 지워지고 네가 어디로 떠났는지 모르게 되었다 우리는 이름만 기억한다 얼굴도 잊은 채

## 이건 되고 저건 안 되고를 반복하는 증상

내가 이렇게 느리게 시간을 주무르고 있는 밤에는
고양이도 늘어진 옷더미 속에서 모음의 형태로 녹아 있다
날선 발톱으로 긁어내면 야성의 미더운 본능이 능처럼
기억을 숨겨둘까 사각사각 연필을 깎으면
미리 오려놓은 나무무늬 사이로 달빛이 샌다
나는 턱없이 높은 벽을 쌓는 사람 문 없는 문을
미는 연습을 하는 사람 입 없는 소리를 내느라
손가락을 입속으로 밀어 넣는 사람 얼굴이 붉어지는 사람
오늘과 내일이라는 숫자는 미덥지가 못하다 어제는
여기 있고 너는 오늘 없다 내일은 셔터를 내리고
싸움을 벌이는 사건 현장으로 배달될까 봐 꽃 배달을 멈춘
꽃집 사장님 낮은 오토바이 위에 얹힌 치수 작은 발
투박하게 말하지만 얄브스름하게 떨리는 입술
회복기에 먹는 음식에 생마늘을 찧어 넣을까 말까 하는 문제로
  새벽이 밝아 와서 생각의 문을 닫고 만다
  사물의 모든 시각화는 나를 가두고 그림자 같던 고양이마저
  움직이기 시작하면서 나를 포박한다 다시 들어가야 해서
  계속 셔터를 누르지만 빛은 허락하지 않는다

허락된 문체만 써야 된다 허리를 늘어뜨린다거나
어깻죽지를 훑는다거나 발바닥을 하늘로 향하는 자세로
오래 버티라 한다 종종 고양이는 수축된 자세로
나를 지켜보지만 그건 녀석의 본질은 아니다 불리할 때마다
관절을 분리하여 몸을 길게 늘어뜨리지만
옷장에서 뛰어내릴 때처럼 길어지는 일은 없다
더 높은 곳에서 떨어질 때는 관절을 다 비우는 일도 가능하다
내게 그런 것을 강요하는 것은 아니지만 의도가 읽힌다
의자 밑에 앉아서 한쪽 눈만 보여주면서 주시한다
하지만 나는 문체를 바꾸고 싶어 한다 밤에는
더 늦은 밤에는 고양이가 잠드는 시간
고양이보다 더 기괴한 몸동작으로 앉아보지만
뼈를 비우는 일은 뼈를 고정하는 작업보다 한 수 위
소리 없는 보법을 터득하여 그를 따르는 게 낫지 않을까
수많은 그들 앞에서 그들을 만져보는 시간 길어질수록
나는 빠져들고 밤을 떠나지 못한다

## 밤의 기록



  아침은 늘 저녁의 연속
  뜯다 만 치마의 실밥을 서둘러 자르고
  마시다만 식은 커피로 식도를 씻어 내린다 어제의 일상은
  하얀 곰팡이로 피어 오늘의 습도를 예감하게 하지
  벽은 삼십 센티미터도 안 되는데 일광은
  도마를 소독하지 못한다 오늘을 벌기 위한
  나의 전신은 구겨진 헌 책 어느 한 페이지에서
  가을날의 새빨간 단풍잎이 바람을 솔솔 일으키지만
  숲은 여기 없고 바람은 잠자고 이름 빠진
  오늘의 정오는 그늘을 만들지 못하고 달아난다
  그림자를 숨길 수 있는 검은 장막의 골목 치마 속에
  단도를 숨긴 여자의 소리 없는 발걸음과
  담장 위의 고양이 흰 눈자위 그때 바람도 숨죽이고
  그림자는 오그라든다 팔랑개비처럼 무너지는 균열
  흰 바람개비는 북해의 소금기 머금은 바람을 불러 모으
는가
  해무에 잠긴 도시의 검은 창을 닦는 침침한 불빛
  오래 머무는 자들의 숲과 피아노의 습작 노트
  개별적 행동의 묵직한 행보들 검은 가방을 열어보면 이

미 닫힌 밤

  검은 잉크병을 열고 닥터 지바고는 심혈을 기울여

  오늘을 쓰기 시작한다 카네기 홀에서 그대가

  연설하는 동안 탁자 위의 백합은 사라지고

  자스민은 노란 열매 마지막 남은 목숨을 날려 보낸다

  대서양을 횡단하는 흰 요트가 흔들리는 동안

  마이애미 해변의 긴 부리 새는 졸다가 죽고

  얼음이 녹는 피오르 언덕에는 파란 수국 한 송이가 꽃
잎을

  떼고 있네

  소리를 잠그면 침묵이 핀다 그 향기는 잠자는 고양이의

  떨리는 눈썹과 페소나의 긴 손가락을 섞어

  비어 있는 허공에 건다 나는 단지 페소나의 손가락이

  길 거라고 직관할 뿐 아는 것이라곤 없다

  그가 비밀 냉장고를 남겨 두고 떠났지만

  냉장고 안에 들어가긴 싫다 그걸 옆에 세워두고

  그리고 난 상상한다 보이지 않는 기록에 대한

  상식적 보고서 그러나 난 자야 한다 요트를 타야 한다

  분석하다거나 검증하다거나 깊이 있게 관여하기 싫다

밝아지면 밤도 밝아진다 나 또한 밝아지리라
저녁 습관을 버리지 못한 채 방향을
모르는 채 저물어간다

## 바느질을 해 보다

  어느 때는 바늘귀가 안 보여 69세인 남편에게 끼워달라고 했는데 어느 날은 바늘귀가 겨우 보여 실을 꿴다 요즘 아이들은 치맛단이 풀어져 있는 것을 괘념치 않는지 37세 딸은 볼 때마다 원피스 단이 풀어져 있다 새벽에 일어나 긴 단을 다 꿰매 주었다 단이 풀어지는 원인은 공정이 실로 꿰맨 것이 아니라 접착제로 붙였는데 딸은 매일 원피스를 더운 바람과 물이 품어져 나오는 기계에 넣고 먼지를 털고 주름을 펴느라 열에 의해 원피스 단은 풀어져 버린 것이다 저 기계의 임무는 지키는 것인지 해치는 것인지 의심이 든다 개념이 기술을 못 따라간 것인지 어긋난 것인지 딸의 개념이 외계인인 것인지 풀어진 단을 기우며 내 생각도 같이 기워본다

# 닥터 지바고와의 한 철

나는 'thinking out loud를 듣는다 베란다 이파리들을 쳐다본다 커피를 마신다'로 시작한다.
그리고 나의 닥터 지바고를 읽는다.

P338 나는 겨울의 새벽이 오기 전 이른 시각에, 금방이라도 꺼질 듯이 깜박이는 등불을 손에 들고 움막의 문을 들어 올릴 때 코를 찌르는 근채류와 흙과 눈의 냄새를, 음악의 따뜻하고 건조한 겨울 숨결을 사랑한다.
이윽고 새벽이 밝아오는 것이다.
우리는 〈전쟁과 평화〉 〈예브게니 오네긴〉 푸시킨의 모든 시들과 스탕달의 〈적과 흑〉 디킨스의 〈두 도시 이야기〉 클라이스트*의 단편들을 읽는다.
주님께서는 그녀를 찬미할 것이다.
그것은 그녀의 하느님이 자식 속에 있기 때문이다.
작품은 테마, 상황, 주제, 주인공 등 많은 것에 의해 말해진다 그러나 무엇보다도 그 속에 담겨 있는 예술성을 강조한다. 〈죄와 벌〉 속에 담긴 예술성이 라스콜니코프의 죄보다 한층 감동적인 것도 바로 그런 까닭이다.
방 안에서 약간의 숯 냄새, 다림질하는 냄새가 난다.

나는 글을 쓰고 있다.

서둘러야 한다.

주저하다 보면 봄이 오고 만다.

그러면 책을 읽을 수도 없고, 쓸 수도 없다.

청명하게 추운 밤이다.

보기 드물게 밝으며 사물은 완전한 모습을 드러내고 있다.

대지의 허공과 달과 별들이 모두 서리로 못을 박아둔 것처럼 고정되어 있다.

창문을 통해 방 안으로 들어오듯, 거리에서 빛과 대기와 생활의 소음과 물건과 사물의 본질이 그의 시 속에 유입됐다.

외부세계의 주제, 일상 생활과의 주제, 명사의 빈번한 등장은 모호한 언어를 배제한 시구를 정립했다.

천재의 손이 스친 평범한 것만이 위대하다.

'푸시킨의 〈오네긴〉의 긴 여행에서 '지금 나의 이상은 가장家長 나의 소망은 평온 그리고 큰 그릇은 야채국 한 사발. 〈에브게니 오네긴〉의 그리고 봄의 여인인 꾀꼬리는 밤새도록 울어댄다. 들장미가 핀다.'

그 대답은 이슬에 젖은 수풀은 즐거움으로 몸을 떨었다.

P530 유리 안드레예비치를 에워싼 고요함은 행복과 생명의 숨결을 내뿜고 있었다. 램프의 불빛은 새하얀 종잇장들 위에 노란빛을 사뿐사뿐 뿌리고, 잉크병에 담긴 잉크의 표면을 황금빛으로 반짝거리게 했다.

P546 "가고 있다! 가고 있다!" 하고 그가 메마르고 핏기 없는 입술로 속삭이는 사이에, 썰매는 움푹 팬 곳에서 쏜살같이 튀어나와 자작나무들을 한 그루 한 그루 지나쳐 달리다가 서서히 속도를 늦추더니, 마지막 자작나무 아래서 멈추었다.

가 버렸다.

〈안녕 라라. 저세상에서 다시 만날 때까지 안녕. 내 사랑. 내 기쁨〉

이윽고 썰매는 보이지 않게 되었다.

온갖 잡동사니 생각을 써놓으면서 그는 예술이란 늘 미美에 봉사하고, 미는 형식에서 오는 기쁨이고, 모든 살아있는 것이 이것이 없이는 살 수 없을 만큼 유기체적 생명의 열쇠이며, 따라서 비극까지 포함한 모든 예술 작품은 존재의 기쁨을 표현한다고 하는 자신의 신념을 다시 한번 확인했다.

그녀는 그 시대의 살아있는 기소장이었습니다.

책이 떠나자 연관되는 것들을 찾았습니다. 같이 연결되었습니다.

*프랑크푸르트 출생 1777년 10월 10일 태어나 1811년 11월 21일 34세로 요절한 독일 고전문학의 중요한 작가로 모더니즘을 선취했다. 〈깨어진 항아리〉〈헤르만 전쟁〉〈펜테질레아〉〈홈부르크 공자〉〈하일브론의 케트헨〉〈미하엘 콜하스〉

## 쓰다가 말다가

주인공들도 가끔은 누운 얼굴 위로 쥐가 지나가는
고통을 견뎌야 한다 열애하여 아이를 가졌으나
본 적도 없고 키운 적도 없고 한 세기가 지나서 소설 속에서
다시 읽어주어야 하는 반복되는 이별도 있다 오늘 거두고
배추 모종을 옮기고 폭우가 쏟아져 다 녹아내린 빈 밭에서
다시 흙에 구멍을 내는 손가락은 쓰고도 시체처럼
쏟아버리는 문장의 사생아들을 쏟아내는 연고도 없고
그렇다고 기대지도 않는 독한 문장가의 쓸쓸한 밀실의
그늘에 그림자를 그리는 손가락인가 보다
쓴다고 할 만한가 바깥엔 승냥이 울고 난로는 식고
여자는 울고 도망의 긴 밤의 시베리아 겨울보다
차갑다고 할 만한가 총소리는 가까워 오고 썩은 감자
몇 알과 먼지와 냉정한 정치와 운명과 더불어 결박 같은
구두끈을 다시 묶어 출발을 서둘러야 하는가 마차는
끊기고 편지는 반세기 동안 도착하지 못한다
엉겅퀴꽃 다시 피고 그대의 화단에 새로운 상사화가
돋는다 해도 시베리아 횡단열차는 다시는 이곳을 지나가지

않을 것이고 너의 연인은 기차에 타지 않았고 마차를 몰
지 않았다
  그때 부엌의 숯자리에서 감자 싹이 하나씩 올라와 벽 틈
으로
  비치는 햇살에 목을 기대기도 했지만 그 부엌은
  양의 우울이 대단해서 아무 음식도 보관할 수 없었다
  동쪽 창은 늘 푸르게 다가오고 전등을 손수건으로 가린
  문장가는 시력이 점점 약해져 백색 등을 자꾸 가리기만
한다

## 호 적

마을 입구의 커다란 이팝나무
필 때면 친정도 못 간다는 가난한
오월에 태어나 자란
감나무 대추나무 장독대 석류나무
맷돌 옆에는 난초꽃 피던 초가집
물레 잣던 무명옷 어머니 긴 담뱃대 두드리던
증조할머니의 아래채
다리미에 숯 채우던 청동화로
청동화로는 어디로 날아갔을까
이름에 용자는 용렬한 용자라고 딸들이 놀리던
사숙하던 김동리 선생님이 이름 지어주신
아버지는 세상에 빛 못 보고 일찍 가시고
다솔사 입구까지 우리 땅 아니면 못 지나갔다던
전설 같은 땅문서는 보지도 못했지만
그 논길 따라 패랭이꽃 피면 막내 고모는
다 늙은 조카 손잡고
옛이야기 하신다네
피붙이들 한두 사람 살아남아
지팡이로 지탱하는 굽은 허리로

찾아오는 마을 끝자락에 암자가 하나
수련 핀 연통에 하늘을 담고 더욱
고요해지는 뜰에 고양이 절로 들어
등을 자주 비비고 씨를 불린다

# 홍범도는 아직 손톱으로 갈대밭을 파고

지난여름 여행을 다녀왔다.
러시아의 블라디보스토크와 바이칼 호수 주변이었다.

연해주는 구한말 궁핍해진 삶을 이끌고 우리 민족이 이주했던 땅이었고 스탈린의 타민족 이주 정책에 의해 중앙아시아로 강제 이주당한 아픈 역사가 새겨진 땅이었다. 횡단열차를 단 하룻밤 타고 12시간을 이동했다. 현재는 2019년도이고 이주당한 시기는 1932년이다. 객실을 이용했다. 화장실 겸 세면소는 서 있기도 불편할 정도로 좁았다. 통로는 좁아서 한 사람이 지나가면 몸을 벽에 붙여주어야 했다. '감옥' 같다는 생각이 들었다. 한 달 이상을 러시아 횡단열차를 타고 중앙아시아 이르쿠츠크로 강제 이주당했던 그 시대의 고통은 한 세기를 지나 나에게 밀려왔다. 다녀온 후 잠을 잃었다. 갈대 뿌리를 파내던 나의 손, 동굴을 파서 한겨울 영하 40도를 견디던 인간 이하의 겨우살이의 아픔으로 한여름 밤은 추웠다. 어깨가 결리고 발가락이 마비되고 무릎이 아프고 말을 잃었다. 잃어버린 것은 나 자신만이 아니었다. 그들의 고통 위에 서 있는 우리, 우리는 그들에게 목숨을 빚지고 살고 있다. 떨어져 나간 피붙이를 거두지 못하고 살아야 하는 조국의 현실은 내가 잃어버리고 싶은 가방이다. 내가 들고 있는 가방인지 내가 들고 가야 하는 가방인지 다 잃어버리고 싶다가도 어느새 소중하게 안고 있다. 또는 앉아 있다.

 아무것도 확신이 없을 때 너무나 확신에 찬 목소리 때문에 반쯤은 정신이 깨어난다.

## 〈닥터 지바고〉 감상문

등에 따뜻한 손 얹어 줄 소년도 없이
비를 맞으며 들판을 돌아다녔다
스위스 산바람도 불어주지 않는데
큰딸처럼 줄에서 빠져나와
발레 흉내를 냈다
헤어진 남자도 없으면서
라라가 되었다 라라라라라
닥터 지바고는 이렇게 불렀지
토냐의 사랑스러운 딸을 안고 있으면서도
시베리아 야간열차를 타고 이송당할 때도
피투성이 군인을 치료하고 간이침대에
반듯하게 누웠을 때도
나도 누군가를 생각하는 생을 마감하고 싶다
절절해서 죽음을 나눌 줄 아는 관계
오려두기

# 하지 말란 말인가
# 하란 말인가에 대한 고민

   그건 어머니의 생각이 아닙니다 그건 어머니의 마음이 아닙니다 그건 어머니의 감정이 아닙니다 강변을 걷다가 혼란에 빠졌다

   교육이 이 생각을 심었다고 한다 그럼 뭐지 내 생각은 내 마음은 내 감정은 난 구별 못 하겠어 대화를 멈추기로 한다 도대체 나인 것은 무엇인가 흰 고니 떼는 청둥오리 쇠기러기 떼들과 유유히 풀을 뜯고 나다운 판단은 무엇인가 나는 매일 이 강변을 걷다가 노을에 눈을 감기도 하고 얼음을 깨기도 하는데 오리 한 마리가 얼음 밑으로 들어갔다가 얼음 밑에서 계속 얼음 밑으로 미끄러져 가다가 겨우 빠져나오는데 나니까 반드시 그렇게 해야 해 하고 말하는 나에게 그건 만들어진 생각입니다 딸은 말한다 그 생각은 관습이 만들어 낸 관념입니다 따르지 않아도 됩니다 어머니 밥은 맛있습니다 그렇게 말하면서 밥은 안 해도 됩니다 말하면 나는 판단을 할 수 없다 나는 밥을 계속해야 하나 그만해야 하나 아무도 맛있다고 말 안 해주는 시는 매일 쓰라고 방문을 닫아주는 딸의 말은 어머니의 말씀인가 방문을 닫아주면서 인제 그만 공부해라 몸 상한다 하던 어머니처럼 밥을 하란 말인가 하지 말란 말인가

## 무게를 견디는 자세

출근하는 차들이 달리는 다리 위
빈 박스를 가득 실은 리어카가
한 사내를 밀고 있다
사내는 누추하고 때 묻었으나
제 키를 훌쩍 넘고 견디지 못한 무게를
담은 리어카의 감시를 받고 있다
벗어날 수 없지 이 삶의 무게
빈 박스로 몸을 늘어뜨린 감시자는
더 무겁다
리어카는 사내를 놓지 않는다
떠밀린 삶의 사내를 다리 위로 올린다
다리를 건너는 동안 사내는 리어카에게 매달린다
다리를 부르르 떨면서

스톡홀름의 인질은 납치범을 사랑한다
한 생을 납치당한 채 끌려가면서
사내는 매달린다
다리를 건널 때면 더 느려지고 더 애정하면서
몸을 낮춘다 땅과 머리를 박고 싶은 자세다

리어카는 뒤쪽에 무게 중심을 두면서
　사내를 당긴다
　사내는 애초에 위치를 잘못 잡았다
　애초에 위치를 잘못 잡은 사람들이 곧잘 비틀거리는 장소다
　사내는 무얼 하다가 리어카에게 붙잡힌 것일까
　사내는 살아서 리어카에게 체포되었다

## 못 치는 자리

못 치는 자리는 내가 갈 수 없는 나라의 입구
우리가 끝내 함께 갈 수 없어
상처만 남은 말만 엮어 걸어 둔
이월 한파에 검게
타죽은 목련꽃 진 자리
그 자리에 나도 같이 걸어놓고
갈 수 없는 그 벽 너머의
희망이나 내일에 대해 함구하는
못은 막아버린 구멍이다
아버지가 관을 타고 저세상으로 건너갈 때
우리는 대못을 박지 않았는가
다시 돌아오지 못하도록
그 못에 나의 일부도 걸려
돌아오지 않는다 자꾸만
목련은 얼어서 떨어지고
얼어붙은 마늘대를 밟으면서
상여를 올리고 있는 자리
반야용선 되어 아버지가 못을 뚫고
날아가신 그 자리, 나의 못 자리

제 3 부

## 위험한 한철

어느 날 문득 수천 개의 꽃 목숨이 한순간에 사라지고
쓰러진 풀잎들이 우리를 맞이할 때
나는 춥다 목이 시리다 영상 23도 염소의
모가지는 따뜻할까 순간 누 떼는 악어의 등을
밟고 늪을 건넌다 필사적인 장면에서 늙은 염소의 뿔은
조금 무뎌져야 한다 뿔은 다시 자라는 것 베고 또 베고
그러면 거칠어진 뿔 끝으로 바람을 찌르며
달려오겠지 비가 많이 오는 날은 비가
쉴 새 없이 자라나서 잘라도 잘라도 끝이 없지
불어 터진 비는 배만 부르고 쓸 용도도 별로 없어
산사태를 일으키거나 범람하여 쓰다 만 문장까지
휩쓸어 가 버리지 왜 아깝다고 자꾸 냉동실에
넣는 거지 불어 터진 비로 내 냉동실은
만원인데 또 비는 쉴 새 없이 불어터진다 신발을
신지 못하도록 불어 터지고 뼈가 어긋나도록 배가 부르다
거꾸로 자라서 피지도 못하는 선천성 기형의 비는
스스로 멈출 때까지 빠르거나 느린 성장을 멈출 수 없다
우리가 비의 마디를 싹둑싹둑 잘라 화단에 키운다면 키
우다

웃자라면 마른 하천에 이식하여 키우고 가로수로 키우고
잘 자라면 아스팔트에 뿌려주고 싶다
꽃 생명도 생목숨
장마가 끝나자
꽃 목숨 수천 개가 사라졌다

## 각 행마다 고양이가 있네


아스팔트를 베고 잠든 고양이를 지나갔다
내장이 터져 버리고 눈물이 말라버린 고양이를 지나갔다
고양이의 내부가 열릴 때 고양이는 저세상으로 돌아갔다
다시는 이 세상에 오지 않는 고양이를 보면 안다
달려오는 차 앞으로 어슬렁어슬렁 고양이가 걸어온다
시동이 꺼진 차 밑으로 고양이가 들어간다
능구렁이 같은 미끄러운 몸짓으로 고양이가 움직인다
고양이가 담을 기어간다
고양이가 울지 않는다
고양이가 울지 않는 요즘은 겨울인가 보다

## 하현달

다만 보이지 않을 뿐이다
보이지 않는 네가 말을 걸 땐
주변의 모든 것들은
어둠이어야 한다

# 잠

안기도 하고
감싸주기도 한다
소파 위이기도 하고
요 위이고 하다
땅 위이기도 하고
오토바이 위이기도 하다
깨면 잠이고 안 깨면 죽음인 잠
묻힌 잠
썩은 잠
깔린 잠
털린 잠
눌린 잠
눈물 잠
마른 잠
삭힌 잠
이른 잠
시린 잠
고픈 잠
이긴 잠

갈구하는 모든 것이
도착하는 잠

# 빨 강

 지난 금요일 급식하러 가는데 강당 옆에 이런 빨간 단풍을 보니 사진을 안 찍을 수 없었습니다. 아이들과 한참 올려다보다가 갔습니다. 최근에 이런 밝은 빨강 단풍잎을 본 기억은 천왕봉 입구 주차장 단풍나무, 구미 금오산 단풍나무가 있습니다. 금오산 단풍은 아주 천천히 오르면서 바라보고 싶은 단풍입니다. 밝은 빨강은 아주 깨끗한 피가 연상됩니다. 불순물이라고는 전혀 없는 깨끗한 핏빛이 떠올랐습니다. 금방 쏟아진 핏빛 같지요. 이 빨강색이 바래고 나면 진짜 겨울이 올 것입니다. 냉기 가득한 겨울이 온다고 켜든 등불 같은 빛일까요? 어서 학기를 잘 마무리해야겠다는 생각도 들게 하고 놓친 게 뭘까 하고 뒤돌아보게 하고 잠깐 숨을 돌리고 걸어온 한 해를 돌아봅니다.
 저런 빨간 입술을 칠한 여자라면 분명 속이 시린 여자일 것 같습니다.
 가을은 초췌해가는 자신을 고운 단풍색으로 화장을 하고 있나 봅니다.

# 여 수

올해는 꼭 섬진강 매화 보러 가야지 하고 출발했는데 길게 줄 선 차들을 보면서 언제 도착할지 걱정되어 여수로 차를 돌립니다 간장게장을 먹고 바닷가에 가서 발을 담그고 늦여름 땡볕이 무서워 검은 장우산을 편 채 남편은 해변에 앉아 기다려줍니다 자산공원 앞에서 줄을 서서 아이스크림을 사서 이순신 동상 옆에 서서 먹습니다 시원하지는 않지만 뜨겁지도 않은 바닷바람을 얹어 먹으면 아이스크림은 덜 차고 더 답니다 달짝지근한 여수에 갑니다 짭쪼롬한 여수에 갑니다 여수는 여우처럼 미묘하게 나를 반깁니다 여수에서는 조금 줄을 서서 가다리는 일도 달콤합니다

## 연蓮 분갈이


 연통이 얼어서 딱딱해졌다 비밀로 붙인 봉투처럼 안이 캄캄했다 고개를 숙인 연잎은 무표정했다 도통 속내를 드러내지 않는 영리한 이웃이었다 그런 표정은 계산을 한다 바쁘지 않으니까 속셈을 한다 말을 아끼는 사람은 사제뿐만이 아니다 바람도 저렇게 불타는 장작 옆에서 깐죽거릴 때가 있다 마른 재를 옆으로 흩날리거나 끓기 시작하는 동지팥죽 가마솥에 불을 지르기도 한다 그 속을 알 수 없다 그런 이웃은 의심이 된다 쉬운 시집보다 읽히지 않는 시집이 더 오래간다 무얼까 언 연통처럼 4월이 와야 녹을 텐데 이 산중에서는 손을 넣어 진흙을 주물러 연뿌리를 골라내야 할 텐데 붙잡은 연뿌리를 통째로 올려야 할 텐데
 그중에서 새싹이 오른 두 마디가 들어가게 잘라서 다시 심어줘야 하는데 한 촉만 심어주면 한 통을 채우는 연뿌리의 힘 연통은 얼어 있고 바람이 스친다 별이 스친다 고양이가 핥는다 별이 뱉는다 고양이가 뱉는다 바람이 앉는다 바람이 바람을 밀어낸다 얼음에 갇힌 하늘 진흙을 더듬어 좀 더 단단한 뿌리에서 새 뿌리를 찾아내는 내 손 끝의 눈이 깜박 깜박인다 갑자기 불이 켜지면 불온한 이웃은 신경 쓰지 않는다 새잎이 돋으면 헌 잎은 어느새 썩어서 거름이

되어 있다 나아가자 바람아 너를 뜨거운 가마솥 팥죽을 젓는 내 손등에 열기를 더하지 말고 무말랭이 말리는 담장 위에 너무 오래 머물진 말고 달려가는 기차에 올라타고 더 멀리 가 보자 언 연통을 지고 언 연통이 녹을 때까지 도통 속을 알 수 없는 무표정이 썩을 때까지 얼음이 풀리면 연통은 하늘이지 구름이 일렁이고 바람의 걸음이 보이지 나는 손을 넣어 하늘을 주물러 겨우내 딱딱해진 내 손안에 쏙 들어오는 하늘의 뼈마디를 건져 올리는 거지

  가장가볍게하늘에떠있는것을뿌리째뽑아올리는작업

## 수양 무궁화

딱히 좋아하지도 않는 사람이 딱히 기대하지도 않는 일에 정성을 쏟는 것을 보면 괜히 존중해 주고 싶습니다 풀독이 오르면 며칠을 숨도 잘 못 쉬면서 굳이 뜰 앞 풀은 꼭 손으로 매야 한다고 아침저녁으로 여름내 쪼그리고 앉아 풀과 자갈과 흙을 마주하는 수양 무궁화는 제 허리가 수련통에 닿아 젖는 것도 모르고 여름이 다 가고 처서가 다가오는 것도 모르고 제 파란 잎들이 벌써 누렇게 익어 돌아갈 길을 보고 있다는 것도 모른 채 귀뚜라미가 밤새 제 노래 부르며 길을 재촉하는데 경전 한쪽을 사경하는 손목이 다 닳고 있습니다

## 아침잠

밤새 이사를 몇 번이고 다니다
아침 6시에야 안착을 한다
잠은 여전히 각자의 집에 머무는 사적인 일이었다*
그렇게 달콤한 잠 편안한 잠 깊은 잠 때문에
출근 시간에 쫓기면서도 찾아 먹던 아침잠
잠이란 참으로 나만의 공간 밤마다 이동하는 잠자리 유목민
아침 수련도 장미도 수국도 내가 달콤하게 잠들 때 피기 시작한다
그때서야 몸속을 부유하던 열기가 가라앉고
떠다니던 뇌의 소용돌이가
바위에 몸을 붙인다 나는 아침 내 잔다

*《가벼운 마음》크리스티앙 보뱅, 108쪽

## 장마

　저수지도 이젠 모자란다
　냉동고도 이젠 만원이다 이젠 함께 다니기로 한다
　손수 처리한 시체는 새로 산 인형 같아서 눈을 뗄 수가 없지
　한쪽 방향으로 누운 언덕의 짧은 풀은
　산들바람이 제격이지  휘파람을 불어줄게
　네 몸에서 삶으면 초록불 색 물이 나오는 다슬기가
　슬 때까지 흘러가 줄게
　냉동에서 풀리기 시작하는 비닐 봉지에서는
　막 퍼붓는 소나기가  젖은 땅을 또 적시듯
　습한 부엌 바닥으로 물을 뚝뚝 흘리지
　발바닥으로 슬쩍 밀어보면 살이 다 젖을 것만 같아서
　기분이 더 쪼개지지 더 나뉘어 어느 것이
　원래 내 기분인지 구별이 안 가서 생각나는 기분 말고
　신나는 새 기분을 따르지 입술을 오므리고 소리를 모으면
　혀끝은 마르고 마른 장작이 타듯 머릿속이 활활 타는데
　기분은 왜 젖은 장작이 타는 미욱한 연기일까
　이거였어. 알아들을 수 없는 외국어 수업은 단어를 고르느라

손이 갈 바를 모르지 모의한 적 없는 작전 포대마다
대포가 장전된 절벽의 구멍 뒤에 숨은 병사
너는 위협을 받고 있다
가볍게 걷고 싶은데 목에 걸린 머릿수가 너무 많다
하나를 떼려니 하나가 더 붙는다 다른 머리를 하나 떼면
너의 공포는 절대적 희열,
하나가 둘이 되는 너는 녹은 물에 불과하다

## 아버지 글자 공장

아버지, 전깃불도 안 들어오던 어릴 때
잘 찢어지는 갱지에 줄을 그어 한글을 가르쳐 주셨지요
가갸거겨 평상에 앉아 달맞이꽃이 팽그르르 핑 소리 내며
국수 먹으라 부를 때까지 큰 키 허리를 구부리고
글자를 가르쳤어요 나는 글을 좋아하는 사람이 되었어요
손으로 쓰는 걸 좋아해요 읽고 쓰고 글자는 모여서
낱말이 되고 낱말은 모여서 문장이 되고
문장이 모여서 글이 되지요 노래를 불러요
뜻이 없는 글자도 모이면 의미가 생겨요
마술 같아요 무궁무진 낱말을 만드는 글자 공장
다 듣고 다 만질 수 있는 새털 같은 아기였는데
이젠 한글을 가르치는 선생님이 되었어요

 아버지가 가르치던 가갸거겨로 글자를 만들고 낱말을 만들고 문장을 만들고
 저는 그 일이 왠지 천직인 것만 같아요 연필을 잘 깎아서 뾰족한 심으로 글자
 한 자 한 자를 쓰면 아버지가 제 손을 잡고 한 자 한 자 곧바로 내리긋던

획이 떠올라요 판각하듯 종이에 아버지를 그려내는 건 아닐까요?

## 오늘 나는 네가 살지 못한
## 만 구백오십 번째 밤*

    믹서기 날을 물에 담그고는 그릇들과 함께 휘저었다 물 밖으로 손을 꺼냈을 때는 손에서 낭자하게 피가 나고 있었다 화를 낸다는 건 자신을 자해하기도 한다 그릇을 던져버렸다면 내 손은 무사하고 그릇은 깨졌겠지 믹서기 날은 운명 같은 거다 나를 베는 운명 분명 씻는 날이 아닌데 날은 아픈 날 물속에 담겨 있었고 주의하지 않고 물을 휘저었다 그릇아 꺼져라 하고 그릇을 깨지 않으면서 구정물만 튀기면서 내 손을 회를 쳐 놓으면서 손을 치켜들고 병원으로 달려가면서 흐르는 피를 다 막지 못하면서 휘저으면서 나는 아무것도 들어낸 것은 없었다 손등과 손가락에 자잘한 흉터만 잔뜩 남았다 깨어지지 않은 그릇은 여생의 반려가 되었다

*《어느 푸른 저녁》: 《입 속의 검은 잎》 발간 30주년 기념 젊은 시인 88 트리뷰트 시집.

# 진달래

 산모롱이를 지날 때 아침엔 분홍빛 저녁엔 보랏빛 그 예쁜 분홍을 좋아한다고 동생은 참 취향이 다르다고 핀잔도 주지만 진달래 빛이 분홍인 걸 어떡해 온 산을 다 분홍빛으로 물들이고 조용히 연둣빛으로 돌아가는 조용한 진달래꽃이 분홍인 걸 어떻게 맨 앞에 앉은 조그만 순이 머리에 분홍핀 예쁘다고 말 안 할 수가 없는데

## 유등

 4,000개의 방에서 동시에 4,000개의 전기 시계가 4시를 쳤다.*

  누군가가 밤에 토했을 한숨이
  묵직한 길이로 흐르고
  등을 토닥이는 바람은
  우는 대숲을 달랜다
  산책하는 가벼운 발길 옆으로는
  떼 가족 몰고 나와 아침밥을
  공양하는 어족들
  아주 특별한 날 띄운 흰 등은
  석류공원 아래
  버드나무 숲에서
  백로로 핀다
  수달 형제가 기척에
  후두둑 흰 물새 떼들
  강 건너 야간작업으로
  창백해진 공장 연기 속을
  가로지르며 흩어진다

비로소 어둠이 걷힌다
사람들이 쏟아진다
100번 100번 1,000번
몸부림을 계속하는
윤슬이 반짝인다

\*《멋진 신세계》올더스 헉슬리, 72쪽 1행.

## 부드러운 존재들

고양이는 자기 뒷발을 핥기 위하여 부드러운 관절을 지
녔다
학교 건물 아래 벽돌 크기만 한 구멍이 있다 공기구멍이다
쥐가 창궐했을 땐 쥐의 문이었다
지금은 고양이 새끼들이 고개를 내민다
큰 고양이가 저 작은 구멍으로 드나들기 위해서는
도르르 말 수 있는 관절을 지녀야 한다
6마리 새끼를 밴 채 아이들이 던져주는 밥도
과자도 아닌 것들을 주워 먹고
저 구멍으로 들어가 몸을 풀고 누워 있을 때
새끼들이 나왔다 세상의 빛 속으로,
어마어마하게 밝고 넓은데 들어갈 곳은 주먹만 한
구멍이라는 걸 모른 채고 먹을 수 있는 거는
무엇이든 입에 넣어야 한다는 걸 먼저 배우고
사료만 먹고 똥도 변기에 누는 집고양이가 있다는 것도
모르고
여름이면 에어컨을 틀어주고 보양식 추루스를 먹고
안방 이불 속에 혼자서도 잘 수 있는 계급이 있어
태어나기 전부터 나를 길고양이로 정해놓았다는 걸

모른 채 그래도 즐겁다 바람과 모래와 풀밭이 있는
강변 언덕에서 반공호 같은 굴을 찾았다
햇빛 속에서 뒹굴고 털을 핥고 멀리 바라보기도 한다
일단 허리를 반으로 접을 수 있다
접는 폰처럼 너에게 부드럽게 속삭일 수도 있다
갸르릉이라고

## 남해 가는 길

금오산 모퉁이를 돌아들면 영남상회, 대교슈퍼 지나
좌회전하면 오른쪽으로는 물살 거친 대도리 바다에
여전한 물살의 근육이 꿈틀대고
봄날이면
반짝이는 물결무늬

노량포구 앞 물결은 하얗게 빛나고
여전히 매섭게 청록색 치마를 휘날리는
떠나지 못하는 사람 있어
바라보면 왕벚꽃 두른 노량해안길의 석양

꼬깃꼬깃 접어 펼친 종이에 새겨진 글과 그림
파도는 여전히 그림의 말미에서 붓질을 계속하고
오랜 며느리는 굴 껍질을 쪼개는
오늘의 퇴고를 쉬지 않는다

# 퐁네프 다리 아래 흐린 강물은 흐르고

기억처럼 흐린 나날

가을 창가에서
사용한 컵을 씻지 않고 다시 봉지커피를 부어요
시간이 불러온 먼지만 가득해서
지나간 이름들이 마른 풀잎처럼 부서져요

우리가 센 강에 도착했을 때
퐁네프 다리 아래 물결이 거칠고
사람을 태우는 유람선은 흔들리고
소르본 대학 건물들은 전부 창을 닫고
노트르담 성당 앞에 흰 드레스르 입은 신부가 사진을 찍고
철제 문양 창틀을 닦는 청소부는 깃발처럼 허공에 매달려
기름걸레를 돌려요

오래전 사건을 뒤적이는 형사처럼
등이 구부정했어요
굽은 등은 아무래도 직업병인가 봐요.

## 데이지를 키우는 창가에서

  퍼지는 메시지보다 진하게 노란 보자기 한 장으로 가지 끝에서 땅 위의 남은 한 줌 가련한 흙을 덮어야 한다는 소명으로 너울너울 흘러내리던 송홧가루가 여기까지 왔다고 믿진 말아다오

  마을에서 농사가 끝난 폐비닐을 모아두는 장소가 있지 장소만 옮기지 악취는 사라지지 않아

  문방구라는 글자에서 사라진 자음과 모음을 잊고 방치된 간판 아래 다리가 굽어서 걷지 못하는 노인들이 반쯤 세어버린 6월 언덕의 삐삐 머리를 하고 앉아 지루한 밤을 지새듯 오후를 보내고 있다

  따뜻한 기후라는 건 참을 수 없는 후각으로 비밀을 파헤친다 내 패널 지하에 숨겨둔 시체는 겨울 동안 걱정 없었다 여름이 다가오면 냄새나는 곳을 처리하고 흔적은 지워야 한다 자연이라는 존재는 직감적이고도 예리해서 피하기 어렵다 겨울 동안 잠깐 나의 죄를 잊었다 걸치고 있던 옷은 마지막 수의처럼 얇고 가볍게 최고로 남루하게 입

어야 하리 버리고 또 버려도 욕망의 기호는 찌꺼기가 남을 걸 그리고 묻어버린 욕망의 유전은 계속된다는 설이 남아돌아 온갖 부조리한 것들을 저질러도 차지 않던 욕망만큼 너의 결핍도 어마어마한 저수지란 걸 알아 누구나 구름과 바람과 비, 그리고 사랑을 착각할 만한 웅숭하고 깊은 저수지를 가지고 있지 방죽을 허물고 물을 흘려보낼 줄을 모르는 거지 방법이 없다는 설과 새로이 시작할 수 있다는 설로 사람들은 설득을 위한 영화도 찍지 마르지 않는 욕망의 구덩이로 내가 점점 욕망의 기형아로 자라던 날들 뜨거운 여름이 오기 전 내가 묻은 폐기물들이 썩기 전에 파리와 모기와 긴장한 많은 곤충들이 들끓기 전에 이곳은 깨끗해져야한다

  데이지는 벌써 겉잎이 자라 모양을 갖추기 시작한다 모르는 사람들은 데이지라 부르지 못한다
  나도 데이지라 소개받기 전에는 데이지를 몰랐다 까만 작은 씨앗에서 데이지가 나왔다 데이지는 작은 회색 화분에서 자란다 데이지는 혼자 이동하지 못하는 식물 데이지는 햇살과 가끔 우유를 마시고 씻어 주는 물로 영양을 보

충한다 혼자 사는 노인은 가끔 보급해 주는 우유와 밥으로 연명한다 실내에서 곧게 줄기를 펴지 못하는 데이지

데이지 화분을 더 햇살이 잘 드는 장소로 창가로 옮겼다

# 한 겨울이었다

난로에 넣을 땔감을 구하러 아이들은 산으로 올랐다
털신도 아니고 운동화도 아닌 고무신을 신은 아이들
이 이야기는 1968년의 겨울 이야기이다 관솔과 솔방울, 나뭇가지
그 난로에 도시락을 데워 먹던 낭만을 위하여 아침 해가 산중턱에
머무르는 시간에 보리차를 마셔도 추워서 떨릴 시간에 숲으로 가는
아이들 아이들은 없다 부릴 수 있는 손이 있을 뿐이었다
가난한 나라의 아이들이었다 금광을 캐지 않는다고 땅굴을 파지 않는다고
노동하지 않는 건 아니지 잔디 씨를 받아오고 아주까리 씨를 모으고
지렁이를 파오던 아이들이 있었다 이젠 들에서 일하다 커피도 배달해 마시고
산에서 짜장면도 배달해 먹는 아이들이다 그 아이의 아이들에게 한겨울에
나무를 해오라고 산에 보내면 이제 낫이라도 들 아이들이다 그 아이들 여전히
들에 살고 산에 오른다 난 끝나지 않는 겨울이 춥다

# 여차 해변


망산望山의 눈물방울 일곱 섬을 안고 있다

담배 은박지에 돌돌 말아 깊은 호주머니에 숨겨 놓았던
그 바스락 소리
닳아버린 뼈 조각 울려 철썩인다

무릎을 꿇게 한 시간이 낚시하는 노부부를 앉히고
노을을 기다리는 해안은
스스로를 깨운다는 "오옴"의 형상

길게 마셨다 내쉬었다 하는 바다의 호흡 끝에는
선홍빛 조가비를 줍는 아가씨 마음 같은 보드라운
너울이 하늘에서 내리고
홀로 앉은 사내의 옆에는
졸다가 깨다가 경계를 오가는 견공의 졸음

미루나무 하늘에서 흔들리고
발끝에는 자신을 깎고 또 깎아내는 바다의
잔해가 맨발에 밟힌다

동쪽 바다 끝에 앉아서 천년의 숲 바람을 마시며
홀로 등을 말리는 현자의 저녁이
줄지 않는 바다를 잠재운다

## 다림질을 한다

끝났는데 끝나지 않았다고 표식을 해 놓은 무덤들
끝났는데 끝나지 않은 듯 음식을 차려놓고 절을 하는 후손들
조상이 후손을 세우는 게 아니라 잘난 후손이 조상을 바로
세우는 건 이미 다 아는 진실인데 조상의 이름을 빌어 집을 짓고
덕을 보려 하네 그 조상에게 후손 후손의 후손에게 아무
덕도 못 보인 위인이 끝난 무덤을 담보로 이름을 빌리고 빚을 낸다
끝나지 않았는데 끝난 것 같은 집이라는 무덤 안에서 나오는 전혀
관계없는 단어들을 떠올려 다림질을 해 본다 야자수 그늘 아래의 비키니
독일군 제복과 북극 고래 오픈카 문에 걸친 파란 매니큐어 손톱과 꽃무늬
짧은 치마와 하이힐과 버터에 구운 대구 요리의 프랑스 가정식 음식과
대왕가리비 열아홉 가지의 올리브 절임 반찬들 비에 젖

은 바위와 햇살이

  쓰다듬는 이끼와 이끼 아래의 포자의 집 아늑한 바위 아래에서의 하룻밤

  이미 너무 멀리 줄을 이었는데 지울 수 있을까 아낌없이 줄을 당겨

  열을 올려본다 빳빳해진 것들은 나의 기쁨 나는 다시 낡은 지갑에서

  끝나지 않은 것들을 꺼내어 볼 용기를 낸다 열대어는 크리스털이야

  투명한 수족관 안에서 반짝인다 열대어도 다린다 산호초도 다린다

  일렁이는 수초도 다린다 경례도 다리고 출정하는 해병도 다린다

  다양한 것들을 다리는 동안 나의 것들은 순해진다 순해지고 오래간다

  그것뿐이다

| 해설 |

# 희망이 없기에, 아름다운 꽃

**정남식** 시인

〈가자 수요일로〉 외치지만, "할 말을 잘라먹는 어금니의 서투른 발성으로/ 복화술을 완성해 나가는 일요일의 나날"이 있다. 게다가 "아무것도 저장된 게 없는 노트북과의 일상적 대화"에서 "잘린 토르소 손목으로 검사 도장을" 찍는다. "'이 생은 마감됨'" 화자가 이 생이 마감되었다고 선언하는 것은, "이정표도 숙박지도 표기 안 된 낯선 이방인의 기숙 방법"이다. 생이 마감된 한 인생의 부랑의식은 그 어디가 집이고, 그 어디도 집이 아니다. 시인은 다만 떠도는 생의 언어 기술자일 것인가.

그러니, 집에 있으면서 집에 가자, 라는 말을 할 때 그 집은 본원적인 자의식이 가닿고 싶어 하는 집일 것이다.

자기 집에서 자기를 껴안고, 뒹굴고, 누워 편한 집이지만 깊은 내면의 자의식에는 자아의 상실감이 집을 떠나 또 다른 내가 잠을 잘 수 있는 공간을 꿈꿀 수 있다. 그러나 어느 시점에서 이 집은 갈 수 없는 곳이다. 이미 떠나온 집이기에 그렇다. 우리는 늘 가숙假宿의 나날을 사는 것은 아닌지 궁리해보는 것인데 어머니같이 편한 집이 또 어디에 있을까. 그래서 시인은 자기만의 밀실을 만든다. 이 밀실은, 순전히 나만을 위해 나를 가두어서, 나를 거침없이 내뱉듯 표현한다. 내밀해서인지 어두울 때가 많다. 〈나의 밀실에게〉는 그런 면에서 시인의 삶이 고난한 모습을 드러낸다.

> 어둠의 안쪽에서 나 아직 한마디도 그
> 말을 듣지 못하여 늘 그곳을 기다리네
> 기다림은 미치게 하고 미친 힘으로 벽을
> 긁어대고 헉헉거리는 숨 지하의 밀실은
> 늘 축축하고 고독한 나머지 휘어진 등뼈로
> 천 년 전의 기호로 주술문을 뜯는다네

그가 듣고 싶은 한마디는, "어쩌다 사랑하여 태어난/ 밤의 기형아들"이 자기의 본성적 원형에 대한 그리움의 표출인지 그를 미치게 하고, 고독한 나머지 "천 년 전의 기호로 주술문을 뜯는"다. 기호의 왕국인 "나의 소설가 선생님은 그리움에 고독사/ 하셨고 나의 살벌한 언어는" 벽면에 알을 묻는다. 그리고 밤낮으로 춥다. 시베리아 벌판이 아닌데도 말이다. 그리하여 내 눈앞에 나타나는 바퀴와 집게가 교접하는 벌레로 인해 착란의 상태에 이르게 된다. 천 년 전에 사라졌을 밀사를 그는 다시 기다린다. 바퀴벌레는 공룡 멸종 시대와 빙하기를 견디며 살아온 곤충이다. 천 년 전의 주술인 기호는, 바퀴벌레처럼 끊임없이 언어로 태어나고 자라는 시의 밀사일까? 도착해야 할 이 밤의 밀사는,

> 내 눈앞에 자꾸만 바퀴벌레와
> 집게벌레가 지나가네 눈에 익으면 내가
> 바퀴벌레인지 집게벌레인지 그것 둘이
> 교접하여 낳은 집게머리 바퀴벌레인지
> 구별이 안 가 같이 지내다 보면 착란이
> 살짝살짝 인다

이렇게 단련된 비밀이 스스로 터질 때까지 시인은, 기다린다. 이 비밀의 밀사는 무덤에서도 천 년 동안 썩지 않고 살아남은 대지모신의 주술적 편지의 전언이 아닐까 싶다. 어머니에게서 태어나는 시원의 언어, 즉 시인인 나일 것인가? 그렇다면, 태초의 내가 내었던 울음일지도 모른다. 태내에서 세상과의 첫 호흡을 울었을 어머니의 언덕에서.

이점선의 첫 시집 《안개기법》에는 어머니에 관한 시가

두 편 있다. 〈관솔〉과 〈아궁이〉이다. 제목만 놓고 보면 관솔불을 아궁이에 때는 식으로 이해할 수 있지만, 내용을 보면 다른 이미지로 나타난다.

〈관솔〉에서 "평생, 물일로 불은 어머니 손등에서는/ 곰삭은 세월의 송진이 말라붙었다." 송진이 나무가 손상을 입었을 때 분비되는 것의 하나일 때 어머니가 자신의 몸이 부스러지도록 일하다가 스스로 단단해지기 위해 분비한 것으로 볼 수 있다. 송진이 많이 엉기다 보면, 결국 딱딱한 관솔이 된다. 관솔은 불이 잘 붙으므로 등불 대신 이용하였다. 여기에서 평생 물일이 평소 부엌일로 물을 만진 손인지 아니면 해녀로서 하는 물질인지는 확실하지 않지만, 그 손은 "한 수의 서사"를 먹이기 위해, 즉 가족을 위해 살아간 피멍으로서 결국은 "삭정이 다 된 손으로" 남는다. 물일로 평생을 살아간 어머니가 가족을 위한 관솔의 삶인 등불로 타며 살다가, 결국 재와 연기로 흩날리며, 날아보지 못한 새가 되어 "어머니 저만치 누워 있"는 모습으로 바라보인다. 그 누움은, 결코 가족 안에 다다르지 못한 채 '저만치' 누워 있는 것이다. 어머니는 집 안에 있는 삶이 아니었다. 우리가 어머니를 따뜻한 집의 존재로서 생각하는 것과 달리 어머니는 한 번도 어머니 자신으로서 집 안에 머물러본 적이 없는 것이다.

이러한 어머니는 〈아궁이〉에서 "밟히고/ 짓밟히면서 닳아버린 제 수족을/ 스스로 먹어버린 물고기/ 한 일생이 한

마리 물고기인 어머니"로, 그러니까 다족류로서 많은 발을 가지고 살아도 쉽지 않을 생에서 그 발이 허물어지도록 "움직임은 둔하고 곡선은 밋밋해"진 역진화 과정을 거쳐 "더 깊은 곳으로／ 꿈틀꿈틀 몸을 거두고 있다." 더 깊은 곳이 석회동굴처럼 심연이리라는 것은 자명해 보인다.

두 번째 시집 《눈 내리는 습관》에서 어머니가 나오는 곳은 극히 드문 편이다. 〈건널목〉에서 화자는 "이쪽과 저쪽으로 갈 길을 가라는 신호는／ 이승과 저승의 문턱에서／ 되풀이"되어, "가고 싶어요 어머니／ 더 먼 곳으로"라는 희원의 호격으로 나타난다. 그것은 그저 "아찔한 주문"으로 외치지만, "허공에 달린 사다리에서／ 한 발을 내딛는" 생존의 위험성으로 나타난다.

〈이파리〉에 나타나는 어머니 이미지는, 통금에 쫓기는 아버지를 기다리며 살아생전 "다섯 자식 재우고 기다리던 어머니의 마른 손바닥이었"을 뿐이다. 어머니의 존재는 지극히 간헐적인 표현으로 그만큼 깊이 묻혀 숨어 있다. 왜 그럴까? 화자가 본질적으로 저 자신 어머니 체험을 이미 하기 때문인가. 그런데 이번 시집에서 두드러지게 나타나 시인에게 많은 영향을 미친 아버지의 존재는 시의 바탕이 되는 듯싶다. 다시, 〈이파리〉에서 아버지는,

성당 앞 은행잎이 되어 24시 마트 앞 불빛에
　호주머니를 뒤지는 검은 작업복 차림의 아버지가 되었

다가

    24시 통금에 걸려 기름땀 뻘뻘 흘리며 도망 온 젊은 아버지의 저녁

이 되어 기름 작업복의 일하는 노동자 모습으로 그려진다. 그리고 유년 시절 화자는 〈나의 성분〉에서, 그 "아버지 자전거에 실려 외갓집을/ 다녀오곤 했"을 정도로 친근하다. 그리고 공장 기름밥을 먹은 아버지였지만 아버지는 또한 시인에게 글자공장이었다.

    아버지, 전깃불도 안 들어오던 어릴 때
    잘 찢어지는 갱지에 줄을 그어 한글을 가르쳐 주셨지요
    가갸거겨 평상에 앉아 달맞이꽃이 팽그르르 핑 소리 내며
    국수 먹으라 부를 때까지 큰 키 허리를 구부리고
    글자를 가르쳤어요 나는 글을 좋아하는 사람이 되었어요
                                —〈아버지 글자 공장〉

그 학습은 심지어 글자 한 자 한 자를 쓸 때면 "제 손을 잡고 한 자 한 자 곧바로 내리긋던/ 획이" "판각하듯 종이에 아버지를 그려내는" 것으로 생각할 정도이다. 그리고 화자는 그 영향인 듯 한글을 가르치는 선생님이 되었다. 그리고 시인이 되었다. "아버지 이름에 용자는 용렬한 용자라고 딸들이 놀"렸지만, 그 이름은 "사숙하던 김동리 선

생님이 지어주신" 이름으로 아버지는 어쩌면 문인이 되고 싶었을지도 모른다. 그런데 그 "아버지는 세상에 빛 못 보고 일찍 가"셨다. 〈딴짓〉에서 아버지의 최후는 큰 키 때문에 사람 대접을 받지 못하고 만다.

>마지막으로 만진 죽은 아버지의 발목
>주문한 관이 너무 짧아 툭 부러뜨려 넣었다
>
>죽은 사람은 이미 사람이 아니다

한 아버지가 생을 다해 사물화되었을 때의 설움에서 벗어나지 못하고 〈못 치는 자리〉에 이르게 되면,

>아버지가 관을 타고 저세상으로 건너갈 때
>우리는 대못을 박지 않았는가

라고 한탄을 하며, "희망이나 내일에 대해 함구하는" 가족으로 남아 상처만 남는다. 그리고 아버지가 죽음의 못을 뚫고 하늘에서나마 자유롭기를 간구한다.

>상여를 올리고 있는 자리
>반야용선 되어 아버지가 못을 뚫고
>날아가신 그 자리, 나의 못 자리

〈가장 가까운 사람〉은 고아의식을 담은 시이지만, 어쩌면 아버지는 우리를 남겨두고 간 부모로서 화자에게 "나의 못 자리"인 불안을 남긴 "가장 가까운 사람"이었다. 어머니가 시인에게 근원적 관계로서 존재했다면, 아버지는 내게 글을 쓰게 하던 현재적 의미를 발생시킨 실존적 존재였다. 글쓰기의 의미가 고통스러운 현실에 대한 그림이 될 것이라는 자각은 뒤늦게 나타났으리라.

기둥의 역할을 상실한 사람을 대못으로 쳐내며 각인된 상처로서 나타난 현실은, 성장하는 생의 곳곳에서 표면적인 〈숨은 그림〉으로 드러난다. 단발머리에 "밑단이 뜯어진 치마"와 "몸에 크고 색이 바랜 니트 원피스"를 입고 다니면서, "손등에 마른 콧물"을 흘리고, "표정 없는 얼굴"로 "목줄 졸린 개의 상처"를 들여다본다. 거리에 노출될 만큼 방의 숨소리는 잘 들리고, 거적때기 같은 짧은 이불로 겨울밤을 날 때 연탄가스에 중독되는 눈 내리는 밤이 있다. 손가락이 잘리고 머리카락이 씹히는 폭력이 난무하면서 목단꽃과 절름발이 소년이 병치되는 병적인 아름다움을 경험한다. 풍금 뒤에서 발견되는 생리대는 "달아나는 언니"와 겹치기도 한다. "지게에 꽂힌 풀꽃 싸리나무꽃"으로 대변되는 현실의 중압감과 그 속에서 피어나는 미의식 속에서 화자는 숨어 있듯 아버지의 죽음에서 벗어나지 못한다.

> 폐암 말기의 발가락
> 멀리도 달려왔으나
> 능소화처럼 주렁주렁
> 늘 관에 눕는 자세로 잔다
>
> ―〈숨은 그림〉

이렇게 폐쇄된 자아는 자연스럽게 〈섬〉으로 떠서 뿌리 내리며 둥둥 떠다닌다. 이 섬은 "어디선가 떠내려와 뿌리 내린/ 빈 흙이다." "내 안의 모든 비밀한 내용들"을 담은, "누가 꼭 닫아놓은 흙뚜껑인지는/ 아무도 모른다."

> 나의 몸 또한 커다란 뚜껑과 같아
> 열리는 순간 다 날아갈 것 같다
> 나는 묻히지 않겠다
> 그저 바람에 몸을 맡긴다
>
> ―〈섬〉

바람에 몸을 맡기는 삶으로 "물결 따라 흔들리"며 "너도 너를 지키는 법을 알고 있구나/ 흔들리면서 잠기지 않는다." 어린 시절 전남에 있는 대원사에 티벳 불교 전시회를 보러 갔다가 프로그램의 일환으로 죽음 체험을 한 것도 화자에게는 큰 영향을 미친 것 같다.

 (…) 검은 관에 누워 본다 연꽃이 필 무렵에도 죽음은 있고 질 무렵에도 죽음은 있다 얼어붙은 눈물 목련꽃도 죽음이고 12월에 핀 장미의 자세는 뻣뻣해진 시체다 연분홍 손톱 닮은 꽃잎과 아직 푸른 실핏줄 같은 줄기는 보지 않고 관념적으로만 읽어주는 겨울 장미 그때 내 관 속은 별들로 가득 찼지 (…) 척추를 완전히 붙이지 못하고 뒤통수 아래 손깍지를 끼고 두 다리를 다 펴지 못한 채로 호명되면 팔딱 일어날 자세로 (…) 가슴에는 슬픔 같은 것이 조금 있어도 가슴 넓이는 무한대였다 별들은 쏟아졌고 나는 별에 묻혔다 (…) 난 오른쪽으로 팔베개를 하고 무릎을 배 가까이 대고 태아 자세로 눕는다 그 관 안에서도 눈을 감지 않았다

—〈티벳 종소리를 듣는 밤〉

 그럼에도 불구하고 화자는 어릴 때부터 죽음 체험을 하면서 별을 꿈꾸는 무한한 가슴을 가졌다. 그 후 현실이 아무리 힘든 관일지라도 그 관 속에서 태아 자세처럼 어머니 품속 같은 자아는 결코 눈을 감지 않는 꿈인 별을 간직하고 있었다. 별의 세계는 〈밤의 기록〉이다. 밤의 기록자는 바로 고양이가 아닐까. 그러니, 아침마저 "늘 저녁의 연속"이다. 그래서

 오늘의 정오는 그늘을 만들지 못하고 달아난다

> 그림자를 숨길 수 있는 검은 장막의 골목 치마 속에
> 단도를 숨긴 여자의 소리 없는 발걸음과
> 담장 위의 고양이 흰 눈자위 그때 바람도 숨죽이고
> 그림자는 오그라든다 팔랑개비처럼 무너지는 균열

속으로 "치마 속에/ 단도를 숨긴 여자의 소리 없는 발걸음과/ 담장 위의 고양이 흰 눈자위"는 서로 조용하게 조응하면서 바람도 숨죽이는 묘한 균열을 느낄 만큼 긴장감을 유발한다. 그리고 화자는, 정작 보이지 않는 기록에 깊이 있게 관여하기 싫어하지만, 참지 못하고 밤의 기록을 다시 지속하면서, 왜냐하면 그게 그의 삶이니까, 침묵 속에 잠긴다.

> 소리를 잠그면 침묵이 핀다 그 향기는 잠자는 고양이의
> 떨리는 눈썹과 페소나의 긴 손가락을 섞어
> 비어 있는 허공에 건다 나는 단지 페소나의 손가락이
> 길 거라고 직관할 뿐 아는 것이라곤 없다

침묵에 더해 무지를 섞으면서, 그 사이에,

> 밝아지면 밤도 밝아진다 나 또한 밝아지리라
> 저녁 습관을 버리지 못한 채 방향을
> 모르는 채 저물어간다

밝아지기는 하는데, 어디로 어떻게 방향을 모르는 채 그만 저물어간다.

그리고 〈이건 되고 저건 안 되고를 반복하는 증상〉에서, "내가 이렇게 느리게 시간을 주무르고 있는 밤에는／ 고양이도 늘어진 옷더미 속에서 모음의 형태로 녹아 있다." 여기에서 고양이가 몸을 웅크린 모음의 형태 ㅇ은 아마 화자가 어릴 적 시도한 죽음 연습에서 행했던 태아의 자세와 닮아 있다. 그러니, 이곳에서, 화자는,

> 나는 턱없이 높은 벽을 쌓은 사람 문 없는 문을
> 미는 연습을 하는 사람 입 없는 소리를 내느라
> 손가락을 입속으로 밀어 넣는 사람 얼굴이 붉어지는 사람

으로서 "사물의 모든 시각화는 나를 가두고 그림자 같던 고양이마저／ 움직이기 시작하면서 나를 포박한다." 나와 고양이 사이에는 밤이라는 매개체가 서로를 바라보고 함께 있지만 친연성의 희미한 끈을 붙잡고 결국 고양이의 본질에 가 닿지 못한다. 그럴 수밖에 없지 않은가. 그 포박 속에 꼼짝없이 당하고야 만다.

> 하지만 나는 문체를 바꾸고 싶어 한다 밤에는
> 더 늦은 밤에는 고양이가 잠드는 시간
> 고양이보다 더 기괴한 몸동작으로 앉아보지만

뼈를 비우는 일은 뼈를 고정하는 작업보다 한 수 위

라고 존재의 가벼움을 추구해 "소리 없는 보법을 터득하"
는 게 낫지 않을까 싶으면서도 "나는 빠져들고 밤을 떠나
지 못한다." 밤의 기록 행간 행간마다 각 행에는 〈부드러
운 존재들〉인 고양이가 살고 있는 것이다. 그렇다면, 결코
섞이지 못할 〈고양이의 꿈〉은 무엇인가.

> 배를 흙에 붙이고
> 하루 종일 제 숨을
> 불어넣고 있다
> 희망이 없기에
> 아름다운 꽃

　이제야 이점선에게 삶은, 고양이를 통해서, 바로 희망이
없기에 아름다운 꽃이라는 인식을 깨닫게 해준 것일까. 다
시 〈고양이와 나 사이〉에서, 시인은 "고양이와 거실에 길
게 누워 있으면 두 마리 짐승이 누워 있다고 딸이 사진을
찍습니다 그러고 보니 나는 이 세상과 친해지려고 무던히
노력했으나 친한 사람이 없"다고 고백한다. 이 단절 속에
서 시인은 "어느 공간에도 속하지 못해서 나이 더 들면 우
즈베키스탄이나 키르기스스탄으로 숨어 골짜기 그늘처럼
늙은 나무의 굵은 뿌리처럼 땅속 깊이 박혀 한글을 가르칠

까 작정해" 본다. 절대 가까워지지 않는 사이인 고양이와의 친연성을 결별하지 않을 수 없음을 깨닫는다. 고양이는 고양이대로 〈호적〉을 갖게 될 뿐이다.

     찾아오는 마을 끝자락에 암자가 하나
     수련 핀 연통에 하늘을 담고 더욱
     고요해지는 뜰에 고양이 절로 들어
     등을 자주 비비고 씨를 불린다

시인은 아마 머나먼 이국에서 한글 글씨를 씨 뿌리고 수확하는 삶으로 자신의 외연을 넓혀 호적을 삼으려 하는지도 모른다. 아버지에게서 받은 한글을 통해 넓고도 머나먼 미래의 세대에게 전하고픈 이 유전은 어떻게 생겨난 것일까.
〈홍범도는 아직 손톱으로 갈대밭을 파고〉에서, 화자는,

   지난여름 여행을 다녀왔다.
   러시아의 블라디보스토크와 바이칼 호수 주변이었다.

   (…) 그런데 한 달 이상을 러시아 횡단열차를 타고 중앙아시아 이르쿠츠크로 강제 이주당했던 그 시대의 고통은 한 세기를 지나 나에게 밀려왔다. 다녀온 후 잠을 잃었다. (…) 잃어버린 것은 나 자신만이 아니었다. 그들의 고통 위

에 서 있는 우리. 우리는 그들에게 빚지고 살고 있다. 떨어져 나간 피붙이를 거두지 못하고 살아야 하는 조국의 현실

을 "소중하게 안고 있다. 또는 앉아 있다.// (…) 너무나 확신에 찬 목소리 때문에 반쯤은 정신이 깨어난다." 그리고 비록 천재의 손이 스친 것이긴 하지만, "평범한 것만이 위대하다"는 전언을, 푸시킨을 통해 큰 즐거움으로 몸을 떤다. "지금 나의 이상은 가장家長, 나의 소망은 평온 그리고 큰 그릇은 야채국 한 사발"이다. 이렇게 평범한 삶을 꿈꾸기가 그렇게도 어려운 것이라는 사실을 느끼며, 그런 다음에야 〈바이칼에서〉 깨닫는다.

> 산 정상이다 무수한 풀꽃은 향기를 내뿜고
> 바이칼이 보이는 한 카페에서 차를 마셔도
> 나는 신의 영역에 앉은 듯 경건하다
> 너 없이도 바이칼 물이 차갑고 자갈돌은 매끄럽고
> 아이들은 쾌활하고 차가버섯을 파는 아가씨는 볼이 붉다

그의 말마따나 시인은 순전하고도 "보기 드물게 밝으며 사물은 완전한 모습을 드러내고 있다." "창문을 통해 방 안으로 들어오듯, 거리에서 빛과 대기와 생활이 소음과 물건과 사물의 본질이 그의 시 속에 유입됐다." "따라서 비극까지 포함한 모든 예술 작품은 존재의 기쁨을 표현한다

고 하는 자신의 신념을 다시 한번 확인"한다.(〈닥터 지바고와의 한 철〉)

그러므로 생에게 시의 엔진을 걸어보며 그 과정의 깨달음 위에 어느덧 시인은 삶의 열을 올려본다. 그러고는 다양하게 그의 감각을 온몸으로 덥혀서 〈다림질을 한다〉. 이 열은 의식의 손을 거쳐 천천히 뜨거워지다가 펴지며 순해진다.

> (…) 뻣뻣해진 것들은 나의 기쁨 나는 다시 낡은 지갑에서 끝나지 않은 것들을 꺼내어 볼 용기를 낸다 열대어는 크리스털이야
> 투명한 수족관 안에서 반짝인다 열대어도 다린다 산호초도 다린다
> 일렁이는 수초도 다린다 경례도 다리고 출정하는 해병도 다린다
> 다양한 것들을 다리는 동안 나의 것들은 순해진다 순해지고 오래간다
> 그것뿐이다

이점선에게, 그것뿐이라는 그 순해지는 생이, 그의 순한 눈빛으로 행해질 때 그가 처음의 밀실에서 꿈꾸던 비밀스럽고도 어두운 삶을 세계의 광장으로 넓고 밝게 펼칠 것이란 희망을, 희망 없이 가져본다. 희망 없기에, 아름다운 꽃

인 고양이가 부드럽게 슬며시 지나간 순간 바로 생의 기미를 눈치챘다고 뒤돌아보았을 때, 고양이는 이미 저만치 가고 있으니 말이다.

**경남시인선 246**

# 눈 내리는 습관
이점선 시집

**펴낸날**    2025년 8월 14일

**지은이**    이 점 선
**펴낸이**    오 하 룡
**펴낸곳**    도서출판 경남

**주소**    창원시 마산합포구 몽고정길 2-1
**연락처**    (055)245-8818, fax.(055)223-4343
**블로그**    gnbook.tistory.com
**이메일**    gnbook@empas.com
**등록**    제1985-100001호(1985. 5. 6.)
**편집팀**    오태민 | 심경애 | 구도희

ISBN    979-11-6746-194-0-03810

ⓒ이점신

\* 잘못된 책은 바꿔 드립니다.
\* 저자와 협의 인지 생략합니다.

〔값 12,000원〕